Kohlhammer

Analytische Psychologie C. G. Jungs in der Psychotherapie

Herausgegeben von Ralf T. Vogel

Eine Übersicht aller lieferbaren und im Buchhandel angekündigten Bände der Reihe finden Sie unter:

https://shop.kohlhammer.de/analytische-psychologie-cg-jungs

Die Autorin/der Autor

Dr. phil. Isabelle Meier ist eidgenössisch anerkannte Psychotherapeutin, Fachpsychologin für Psychotherapie FSP und hat neben der Weiterbildung am C. G. Jung-Institut Zürich, Küsnacht eine Weiterbildung in Katathym Imaginativer Psychotherapie (KIP) und in Kognitiver Verhaltenstherapie absolviert. Sie ist Lehranalytikerin, Dozentin und Supervisorin am C. G. Jung-Institut Zürich, Küsnacht.

Dr. med. Gerold Roth ist Facharzt für Psychiatrie und Psychotherapie – Mitglied FMH (Foederatio Medicorum Helveticorum [Vereinigung schweizerischer Fachärzte]) – und hat neben der Weiterbildung am C. G. Jung-Institut Zürich, Küsnacht eine Weiterbildung zum Psychodramatherapeuten PDH (Psychodrama Helvetia) absolviert. Er ist Lehranalytiker und Dozent am C. G. Jung-Institut Zürich, Küsnacht.

Isabelle Meier/Gerold Roth

Depression

Verstehen und Behandeln
aus Sicht der Analytischen Psychologie

Verlag W. Kohlhammer

Dieses Werk einschließlich aller seiner Teile ist urheberrechtlich geschützt. Jede Verwendung außerhalb der engen Grenzen des Urheberrechts ist ohne Zustimmung des Verlags unzulässig und strafbar. Das gilt insbesondere für Vervielfältigungen, Übersetzungen und für die Einspeicherung und Verarbeitung in elektronischen Systemen.

Pharmakologische Daten verändern sich ständig. Verlag und Autoren tragen dafür Sorge, dass alle gemachten Angaben dem derzeitigen Wissensstand entsprechen. Eine Haftung hierfür kann jedoch nicht übernommen werden. Es empfiehlt sich, die Angaben anhand des Beipackzettels und der entsprechenden Fachinformationen zu überprüfen. Aufgrund der Auswahl häufig angewendeter Arzneimittel besteht kein Anspruch auf Vollständigkeit.

Die Wiedergabe von Warenbezeichnungen, Handelsnamen und sonstigen Kennzeichen berechtigt nicht zu der Annahme, dass diese frei benutzt werden dürfen. Vielmehr kann es sich auch dann um eingetragene Warenzeichen oder sonstige geschützte Kennzeichen handeln, wenn sie nicht eigens als solche gekennzeichnet sind.

Es konnten nicht alle Rechtsinhaber von Abbildungen ermittelt werden. Sollte dem Verlag gegenüber der Nachweis der Rechtsinhaberschaft geführt werden, wird das branchenübliche Honorar nachträglich gezahlt.

Dieses Werk enthält Hinweise/Links zu externen Websites Dritter, auf deren Inhalt der Verlag keinen Einfluss hat und die der Haftung der jeweiligen Seitenanbieter oder -betreiber unterliegen. Zum Zeitpunkt der Verlinkung wurden die externen Websites auf mögliche Rechtsverstöße überprüft und dabei keine Rechtsverletzung festgestellt. Ohne konkrete Hinweise auf eine solche Rechtsverletzung ist eine permanente inhaltliche Kontrolle der verlinkten Seiten nicht zumutbar. Sollten jedoch Rechtsverletzungen bekannt werden, werden die betroffenen externen Links soweit möglich unverzüglich entfernt.

1. Auflage 2022

Alle Rechte vorbehalten
© W. Kohlhammer GmbH, Stuttgart
Gesamtherstellung: W. Kohlhammer GmbH, Stuttgart

Print:
ISBN 978-3-17-041472-3

E-Book-Formate:
pdf: ISBN 978-3-17-041473-0
epub: ISBN 978-3-17-041474-7

Geleitwort

Dieser Buchreihe gebe ich sehr gerne ein Geleitwort mit auf den Weg. Dies geschieht heute an einer Station in der psychotherapeutischen Landschaft, von der aus man fast verwundert zurück blickt auf die Zeit, in der sich Angehörige verschiedener »Schulen« vehement darüber stritten, wer erfolgreicher ist, wer die besseren Konzepte hat, wer zum Mainstream gehört, wer nicht, und – wer, gerade weil er nicht dazu gehört, deshalb vielleicht sogar ganz besonders bedeutsam ist. Unterdessen wissen wir aufgrund von Studien zur Psychotherapie, dass die allgemeinen Faktoren, wie zum Beispiel die therapeutische Beziehungsgestaltung, verbunden mit der Erwartung auf Besserung, wie die Ressourcen der Patienten, wie das Umfeld, in dem die einzelnen leben und in dem sie behandelt werden, eine größere Rolle spielen als die verschiedenen Behandlungstechniken. Zudem – und das zeigen auch Forschungen (PAPs Studie, Praxisstudie Ambulante Psychotherapie Schweiz) – werden heute von den Therapeutinnen und Therapeuten neben den schulspezifischen viele allgemeine Interventionstechniken angewandt, vor allem aber auch viele aus jeweils anderen Schulen als denen, in denen sie primär ausgebildet sind.

Gerade aber, weil wir unterdessen so viel gemeinsam haben und unbefangen auch Interventionstechniken von anderen Schulen übernehmen, wächst auch das Interesse daran, wie es denn um die Konzepte der »jeweils Anderen« wirklich bestellt ist. Als Jungianerin bemerke ich immer wieder, dass Theorien von Jung als »Steinbruch« benutzt werden, dessen Steine dann in einer neuen Bauweise, beziehungsweise in einer neuen »Fassung« erscheinen, ohne dass auf Jung hingewiesen wird. Das geschah mit der Jungschen Traumdeutung, von der viele Aspekte überall dort übernommen werden, wo heute mit Träumen gearbeitet wird. Dass C. G. Jung zwar auch nicht der erste war, der mit Imaginationen intensiv gearbeitet hat, Imagination aber zentral ist in der Jungschen Theorie, wurde gelegentlich »vergessen«; die Schematheorie kann ihre Nähe zur Jungschen Komplextheorie, die 100 Jahre früher entstanden ist, gewiss nicht verbergen.

Vieles mag geschehen, weil die ursprünglichen Konzepte von Jung zu wenig bekannt sind. Deshalb begrüße ich die Idee von Ralf Vogel, eine Buchreihe bei Kohlhammer herauszugeben, bei der grundsätzliche Konzepte von Jung – in ihrer Entwicklung – beschrieben und ausformuliert werden, wie sie heute sich darstellen, mit Blick auf die Verbindung von Theorie und praktischer Arbeit. Ich bin sicher, dass von der Jungschen Theorie mit der großen Bedeutung, die Bilder und das Bildhafte in ihr haben, auch auf Kolleginnen und Kollegen anderer Ausrichtungen viel Anregung ausgehen kann.

Verena Kast

Inhalt

Geleitwort 5

Vorwort 11

Danksagung 13

1 Einleitung 15

2 Therapiemodell 21
   2.1 Erwartung und Motivation der Patient/innen 21
   2.2 Behandlungshypothesen der Therapeut/innen 22
   2.3 Therapeutische Haltung 28
   2.4 Die therapeutische Beziehung 31
      2.4.1 Rahmen und Setting 32
      2.4.2 Zielfindung 33
      2.4.3 Identifizieren von Problemkreisen 35
      2.4.4 Identifizieren von Ängsten 36
      2.4.5 Arbeitsbündnis 37
      2.4.6 Übertragung und Gegenübertragung 38
      2.4.7 Transzendente Funktion 40

3 Diagnostik 42
   3.1 Epidemiologie der Depression 42
   3.2 Psychostatus 43
   3.3 Das depressive Syndrom 43
   3.4 Psychopharmakotherapie der Depression 46

4	**Störungstheorien**	**50**
4.1	C. G. Jungs Verständnis der Depression	50
4.2	Das bio-psycho-sozial-spirituelle Krankheitsmodell .	52
4.3	Jungianische Psychodynamik der Depression	58
	4.3.1 Typologie und Depression	59
	4.3.2 Selbstregulation	61
	4.3.3 Komplexe der depressiven Menschen	61
	4.3.4 Gestörte Ich-Selbst-Achse (verdunkeltes Selbst).......................	74
4.4	Depressionsursache bei Psychoanalytiker/innen	75
4.5	Eignung für jungianische Therapie	79

5	**Behandlung**	**80**
5.1	Vorgehen im Überblick	80
5.2	Anfangsphase	81
	5.2.1 Exploration der Depressionserfahrung	81
	5.2.2 Anamnese und frühere Depressionen	84
	5.2.3 Komplexe bei depressiven Menschen	85
	5.2.4 Einschätzung der Konflikte und der Struktur (nach OPD)	88
	5.2.5 Final-prospektiver Aspekt, Stärken und Ressourcen	91
	5.2.6 Aufbau therapeutische Beziehung und Arbeitsbündnis	92
5.3	Mittlere Phase	94
	5.3.1 Alltagsbewältigung und Verbesserung struktureller Defizite	94
	5.3.2 Depressive Komplexe bearbeiten	95
	5.3.3 Die therapeutische Beziehung	101
	5.3.4 Beispiele von Übertragung/Gegenübertragung	103
	5.3.5 Ich-Selbst-Achse	110
5.4	Endphase	112
	5.4.1 Themen der Endphase	113
	5.4.2 Übertragung/Gegenübertragung	115

6	**Techniken und Methoden**		**119**
	6.1	Depression in Symbolen	119
		6.1.1 Die symbolisierende Einstellung	121
		6.1.2 Depression anzeigende Symbole	123
	6.2	Depression in Imaginationen	125
		6.2.1 Ressourcenorientierte Imaginationen	126
		6.2.2 Konfliktorientierte Imaginationen	127
	6.3	Depression in Träumen	129
		6.3.1 Träume und Übertragung/Gegenübertragung	130
		6.3.2 Der Initialtraum	131
		6.3.3 Traumforschung	134
	6.4	Depression in Mythen	135
		6.4.1 Tod und Wiedergeburt bei Jonas und der Wal	136
		6.4.2 Tod ohne Wiedergeburt bei Moby Dick	137
		6.4.3 Größenphantasien bei Narziss	140
	6.5.	Depression in Märchen	141
		6.5.1 Entwicklung aus der emotionalen Vernachlässigung	141
		6.5.2 Überwindung der Idealisierungstendenz	143
		6.5.3 Misslungene Problemlösung	146
7	**Besondere Probleme**		**149**
	7.1	Grenzen der Behandlung	149
	7.2	Klärung der und Umgang mit Suizidalität	150
8	**Wirkfaktoren und Forschungsstand**		**154**
	8.1	Wirkfaktoren	154
	8.2	Forschungsstand	156
Literatur			**164**
Stichwortverzeichnis			**171**
Personenverzeichnis			**174**

Vorwort

Erstmals liegt eine Veröffentlichung vor, die zeigt, wie das Störungsbild der Depression in der aktuellen Jungianischen Psychotherapie, einer psychodynamischen Therapie, verstanden und wie damit therapeutisch gearbeitet wird. Es ist ein Wurf mit vielen Möglichkeitsräumen: Man kann sich daran orientieren, sich herausfordern lassen, man kann aber auch immer wieder neue Erfahrungen beifügen. Es ist in meinen Augen ein Beginn: ein interessanter, kundiger und auch mutiger Beginn. Dieses Buch kann dazu anregen, dass auch zu anderen Störungsbildern vergleichbare Veröffentlichungen entstehen, so dass man auf gut beschriebenen Grundlagen miteinander, aber auch mit Therapeuten und Therapeutinnen anderer psychodynamischer Richtungen, ins Gespräch käme.

Ein Grundstock an Verständnis der Depression aus Jungscher Sicht liegt hier erstmals vor – an ihm kann man sich orientieren und von ihm inspirieren und herausfordern lassen. Isabelle Meier und Gerold Roth haben sich der großen Aufgabe gewidmet, eine Bestandsaufnahme über Verstehen und Behandeln der Depression im Rahmen der Jungschen Therapie vorzulegen. Diese ist auch in die aktuelle allgemeine Debatte über grundlegende Aspekte der Therapieforschung einbezogen, wie auch der damit verbundenen allgemeinen Überlegungen zur Wirksamkeit, und zum Stellenwert der Psychotherapie ganz allgemein. Es ist ein großes Verdienst dieses Buches, dass die Psychotherapie nach Jung mit aktuell allgemeinen psychotherapeutischen Erkenntnissen vor allem auch aus der Psychotherapieforschung in Verbindung gebracht wird, ohne dass das spezifisch Jungianische dabei verloren geht.

Was ist ihre Methode?
Meier und Roth analysieren bereits publizierte Texte von Kolleginnen und Kollegen zu Verständnis oder Behandlung von Depression. Manchmal werden auch einzelne Vignetten anderer Therapeutinnen und Therapeutinnen wiedergegeben sowie eigene Erfahrungen und Fallbeispiele eingebracht. Das ist methodisch eine Möglichkeit, verschiedene Perspektiven – auch von Menschen, die sich derselben Theorie verpflichtet fühlen –, sichtbar zu machen. Diese Übersicht kann natürlich nicht vollständig sein.

Ein besonders wichtiger Teil des Buches bezieht sich auf das konkrete therapeutische Handeln bei Menschen mit verschiedenartigen depressiven Störungen. Besonders wichtig erscheint mir dieser Teil, weil bisher wenige Veröffentlichungen vorliegen, in denen therapeutisches Handeln so beschrieben wird, dass es wirklich nachvollzogen werden kann. Dazu braucht es offenbar Mut. Für den, der sich einfühlt, wird nachvollziehbar, wie Jungianische Therapeuten und Therapeutinnen arbeiten können.

Das vorliegende Buch zeigt, wie man in einer bestimmten Therapierichtung mit Menschen mit einer bestimmten Schwierigkeit arbeitet. Es ist nicht ein Manual im engen Sinn – das würde dem Jungschen Geist, der eher auf Möglichkeitsräume ausgerichtet ist, widersprechen –, aber es antwortet ausführlich auf die Frage: »Wie macht ihr es eigentlich? Und warum?« Und es zeigt zudem, dass auch die Behandlung aus der Sicht der Analytischen Psychologie in die umfassende moderne Psychotherapielandschaft eingebettet ist – jedoch mit einigen eigenen kreativen Aspekten.

Ich wünsche mir, dass analytisch orientierte Psychotherapeuten und Psychotherapeutinnen dieses Buch lesen. Ich wünschte mir aber auch, dass es dazu beiträgt, mit Psychotherapeutinnen und Psychotherapeuten anderer psychodynamischer Verfahren in einen Dialog zu treten. Nicht zuletzt wird diese Veröffentlichung eine Orientierung für Psychotherapeuten und Psychotherapeutinnen in Ausbildung sein und sie könnte die Ausbilder dazu bringen, ihre Angebote neu zu überprüfen.

Verena Kast

Danksagung

Wir stützen uns in diesem Buch einerseits auf die eigene psychotherapeutische oder psychiatrische Erfahrung, die wir im Laufe der Jahre gesammelt haben, andererseits aber auch auf die Arbeit von zahlreichen Kollegen und Kolleginnen in der Schweiz, in Deutschland, Österreich und außerhalb des deutschsprachigen Raumes.

Unser besonderer Dank für inhaltliche Anregungen geht an unsere Kolleginnen und Kollegen Christof Ammermann, Petra von Bertolsheim, Liz Brodersen, Irene Bischof, Iris Breuer, Heinz Böker, Christa Futscher, Art Funkhouser, Elisabeth Grözinger, Susanne Hiller, Sylvia Kreidler, Katy Remark, Mario Schlegel, Elisabeth Schoery-Volk, Robert Strubel und Jean Watt, die alle in der einen oder anderen Form bereichernde Kommentare zu unserem Text hinzugesteuert haben.

Danken möchten wir auch unseren Patienten und Patientinnen, die sich auf die jungianische Behandlung der Depression einließen und uns tiefgehende Einblicke in ihre Probleme und Psychodynamik gewährten. Ohne sie wäre dieses Buch nicht zustande gekommen.

Ganz besonders danken möchten wir Verena Kast für ihre kritische Durchsicht des Manuskriptes und ihre wertvollen Hinweise.

Ralf Vogel möchten wir für das Vertrauen und die Ermunterung danken, dieses Projekt überhaupt zu starten.

Isabelle Meier und Gerold Roth

1 Einleitung

»Die Wirkung, auf die ich hinziele, ist die Hervorbringung eines seelischen Zustandes, in welchem mein Patient anfängt, mit seinem Wesen zu experimentieren, wo nichts mehr für immer gegeben und hoffnungslos versteinert ist, eines Zustandes der Flüssigkeit, der Veränderung und des Werdens.« (Jung, 1931, §99)

Das Verstehen und Behandeln der Depression ist in der Analytischen Psychologie ein zentrales Thema, da Depressionen weite Bereiche von Arbeitswelt, Gesundheit und Beziehungen betreffen. Depressive Störungen haben gesellschaftlich eine große Bedeutung und stellen bis heute eine Herausforderung für Psychiatrie und Psychotherapie dar; das Störungsbild ist sehr komplex und zeigt die unterschiedlichsten Formen. Das depressive Syndrom (Sammlung von Symptomen) ist in vielen psychiatrischen Störungen zu finden und muss immer im Zusammenhang einerseits mit der Psychodynamik der Störung, andererseits mit allfälligen organischen Störungen gesehen werden. Auch leben wir in einer Gesellschaft mit bestimmten Wertvorstellungen; in spätmodernen Gesellschaften gelten Werte wie Selbstentfaltung, Freiheit und Autonomie als erstrebenswert, was zu einer Überforderung des einzelnen führen kann und Depressionen wiederum begünstigt (Reckwitz, 2019).

Depression (lat. *deprimere*: niederdrücken) bezeichnet verschiedene Grade von Niedergeschlagenheit, gedrückter Stimmung, vermindertem Antrieb, Gefühle von Schuld-, Sinn- und Freudlosigkeit, Gedanken von Wertlosigkeit bis hin zu Wahnvorstellungen und Suizidhandlungen. Betroffene können fremde, lähmende und quälende Gefühle erleben und darunter leiden, ohne dass es aber zu einer klinischen Diagnose kommen muss. Die Frage, die sich in einem klinischen Setting stellt, ist, wo enden Betrübtheit, gedrückte Stimmung und Traurigkeit und werden zu depressiven Gefühlen, schließlich zu einer depressiven Störung.

C. G. Jung beobachtete und beschrieb vor über hundert Jahren die Depression aus psychoanalytischer Sicht und sah in der Ursache der Depression eine Individuationsstörung; der Mensch kann sich nicht weiterentwickeln und nicht weiter wandeln. Deshalb wird die Depression in der Analytischen Psychologie als eine Werdensstörung betrachtet, der Mensch kann nicht werden, was in ihm angelegt ist, was die Fragen mit sich zieht, wohin denn die Entwicklung und Wandlung gehen soll und welcher Sinn in der Entfaltung verborgen liegt. Jung sagte dazu: »Die Depression ist gleich einer Dame in Schwarz. Tritt sie auf, so weise sie nicht weg, sondern bitte sie als Gast zu Tisch und höre, was sie zu sagen hat.« (Hell, 1992, S. 5)

Die Dame in Schwarz ist ein Mensch, und auch wir betrachten die Depression nicht unter dem Aspekt einer Diagnose, es sind Menschen, die darunter leiden. Ein Mensch besteht aus mehr als nur aus einer Diagnose Es ist der Mensch, der von der Schwärze der Gedanken und Gefühle betroffen ist, manische und psychotische Formen der Depression stehen in diesem Buch dabei weniger im Vordergrund, sondern eher die verschiedenen Facetten der unipolaren Depression, der wir aus einer jungianischen Sichtweise nachgehen.

Wir greifen dabei auf Literatur einerseits von C. G. Jung, andererseits auf Werke der jungianischen Psychiater Wolfgang Kleespies und Hans Joachim Wilke zurück, die, vor rund 50 Jahren publiziert, ihre Gültigkeit nicht eingebüßt haben. Wir selbst verfügen über eine langjährige Praxis als Psychiater (Gerold Roth) bzw. Psychologin (Isabelle Meier) im Umgang mit diesem Störungsbild. Dass wir einen störungsspezifischen Blickwinkel anwenden, mag für Jungianer/innen heutzutage neuartig sein, wir vertreten aber die Auffassung, dass sich der Fokus auszahlt und dass sich dadurch Hinweise zu Störungsmodell, Diagnostik und Behandlung der Depression aus jungianischer Sicht ergeben.

Die Analytische Psychologie nach C. G. Jung gehört zu den psychodynamischen Richtungen, die mittlerweile über anerkannte Verfahren in der Behandlung von depressiven Störungen verfügen und verglichen mit Ansätzen der kognitiv-behavioralen Therapien und der interpersonellen Therapie gleichermaßen wirksam sind (Böker, 2017b; Roesler,

2020). Therapie ist dabei in unseren Augen kein eingleisiges Geschehen, sondern ein multidimensionales Vorgehen des analytischen Paares, bei dem beide aktiv partizipieren und bei dem es nicht nur um Symptomreduktion, sondern um ein allgemeines Wohlbefinden und um eine Entwicklung bzw. Individuation des depressiven Menschen geht. Die Analytische Psychologie verfügt hierfür über Techniken und Methoden, um die Inhalte des Unbewussten symbolisch zu gestalten. Die symbolischen Möglichkeiten betreffen die Symbol-, Imaginations-, Bilder- und Traumarbeit sowie die Mythen- und Märchenarbeit, die innerhalb der therapeutischen Beziehung zur Anwendung kommen.

Das Buch ist insofern konzipiert als »Manual« zu Theorie und Praxis der jungianischen Psychotherapie und Psychoanalyse depressiver Störungen. Anstoß dazu haben die Diskussionen in der Charta der Psychotherapie-Schulen der ASP (Assoziation Schweizer Psychotherapeut/innen) gegeben, bei der die Manualisierung spezifischer Störungsbilder diskutiert wurde. Anlass waren berufspolitische Forderungen des schweizerischen Bundesamtes für Gesundheit an die einzelnen Schulen, ihre Art des Denkens und Handelns bezüglicher einzelner Störungen genauer zu beschreiben. Wir stellen indes kein Manual im üblichen Sinne des Wortes bereit, das Vorschriften im Umgang mit der Depression enthält, sondern bieten eine störungsspezifische Zusammenstellung an, bei der die Freiheit, Flexibilität und Möglichkeit der Herstellung eines Entwicklungsraumes durch den Therapeuten und der Therapeutin gewährleistet bleibt (Böker, 2017b). In der Psychotherapie bildet das »freie Denken sozusagen das Rückgrat jeder Therapie« (Flückiger, 2021, S. 76). Das heißt nicht, dass wir eine Manualisierung prinzipiell ablehnen. Entscheidend ist, dass nicht die Manuale uns bestimmen, dass die Manuale nicht zu einem »Kochbuch« werden, sondern weiter eine flexible Anwendung erlauben.

Wir halten es ähnlich wie der Psychoanalytiker David Taylor, der zu Manualen schreibt: »Der Prozess des Ausbuchstabierens, der Formulierung und Konzeptualisierung, den die Erstellung eines solchen Manuals erfordert, ist eine Chance, über das, was man zu tun glaubt und über die Gründe, die man dafür zu haben meint, nachzudenken.« (Taylor, 2010, S. 858) Und ferner:

1 Einleitung

> »Statt dem Therapeuten eine Praxis vorzuschreiben, versucht das Manual, der Praxis zu folgen ... der Therapeut ist berechtigt, so zu arbeiten, wie er es auch sonst zu tun pflegt, und sich innerhalb des Rahmens dieses Behandlungsverfahrens seinem klinischen Urteil gemäß zu verhalten: die psychoanalytische Arbeitsweise lässt die Individualität des Therapeuten ebenso zu wie die Einzigartigkeit des Kontakts, die erforderlich ist, um den individuellen Patienten zu behandeln.« (ebenda, S. 838)

Solche Manuale liegen für psychoanalytische Langzeittherapien vor, wie etwa das Manual für die »Tavistock Adult Depression Study« (TADS; Taylor, 2010) oder dasjenige für Panikstörungen von Claudia Subic-Wrana et al. (2012) oder auch für zahlreiche weitere Störungsbilder.

Doch was soll in einem solchen Leitfaden festgelegt werden? In der von Beutel, Doering, Leichsenring & Reich herausgegebenen Manualreihe (2010) formulieren die Herausgeber das Ziel der Reihe folgendermaßen: »Es geht hier nicht darum, eine Behandlung in zeitlich genau geplanten Schritten schematisch durchzuführen. Ein solches Vorgehen kommt eher stark strukturierten Therapieformen wie der kognitiven Verhaltenstherapie entgegen, entspricht aber nicht dem Verständnis psychodynamischer Psychotherapie.« Es geht vielmehr darum:

> »Behandlungsrichtlinien zu formulieren, d. h. Interventionsprinzipien, Therapieelemente, Therapieziele sowie Indikationen und Kontraindikationen zu spezifizieren. Dazu gehören auch Angaben, in welchen Phasen der Therapie und welchen Übertragungs-Gegenübertragungskonstellationen, welches Vorgehen empfohlen wird.« (Beutel, Doering, Leichsenring & Reich, 2010, S. 82).

Diese Absicht wollen auch wir verfolgen und gleichzeitig versuchen, der Einzigartigkeit der Begegnung von Therapeut und Therapeutin mit dem depressiven Menschen gerecht zu bleiben.

Das vorliegende Buch besteht aus sieben Kapiteln. Das erste ist dem *Therapiemodell* gewidmet, das wir verwenden, um die spezielle Begegnung zwischen depressiven Menschen und Therapeut/in zu erläutern, das aus der Erwartung und Motivation des depressiven Menschen besteht und aus unseren therapeutischen Behandlungshypothesen und unserer therapeutischen Haltung. Ebenso werden darin Kennzeichen der beginnenden therapeutischen Beziehung aufgelistet.

Ein weiteres Kapitel ist der *Diagnostik* und ein weiteres dem *Störungsmodell* der Depression gewidmet. Eingang finden hier sowohl die psychiatrischen Diagnostikmodelle wie auch das bio-psycho-soziale-spirituelle Krankheitsmodell, das dem ganzheitlichen Verständnis von C. G. Jungs Depressionsverständnis entgegenkommt und das wir hinsichtlich Themen wie Typologie, Selbstregulation, Komplexe, Ich-Selbst-Achse etc. erläutern. In diesem Kapitel wird auch ein Blick in die psychoanalytischen Störungsmodelle geworfen, wobei unser besonderes Augenmerk dem Konflikt- und Strukturmodell des OPD gilt, das wertvolle Hinweise im Umgang mit Konflikten und Komplexen und deren Gemeinsamkeiten und Unterschiede liefert.

Darauf folgt das Kapitel über unsere *Behandlungsempfehlungen*, das wiederum in eine Anfangsphase, in eine mittlere Phase und in eine Endphase der Behandlung unterteilt ist. Je nach Phase spielen andere Prioritäten eine Rolle. Des Weiteren ergeben sich unterschiedliche Übertragungs- und Gegenübertragungsbereitschaften, denen wir im Detail nachgehen. Thematisiert wird ebenso die Stärkung der therapeutischen Beziehung, die Ich-Stärkung, die Ressourcenaktivierung und die Arbeit an Komplexen des depressiven Menschen.

Ein weiteres Kapitel dient der Erläuterung der *Techniken und Methoden*, insbesondere der Symbol-, Imaginations- und der Traumarbeit, die bei depressiven Störungen angewendet werden können, auch Märchen- und Mythenarbeit finden Eingang in diesem Kapitel, bei denen mögliche und fehlgeleitete Lösungswege aus der Depression aufgezeigt werden.

Das siebte Kapitel ist den *besonderen Problemen* in der Behandlung gewidmet. Depressionen zeigen komplexe Störungsbilder und Behandlungsfortschritte sind nicht immer zu verzeichnen bzw. es stellen sich die Fragen, was denn Fortschritt heißt und wo Grenzen der Behandlung akzeptiert werden müssen. Auch das zentrale Thema der Suizidalität, die Klärung dieser schwierigen Frage und der Umgang mit suizidalen depressiven Menschen wird darin beschrieben.

Das letzte Kapitel beschreibt die allgemeinen *Wirkfaktoren und den Forschungsstand* bezüglich Forschung in der Analytischen Psychologie

Wir haben uns um eine einfache Sprache bemüht und bauen auf bereits bekanntem Grundlagenwissen auf. Das Buch ist in diesem Sinne kein theoretisches Buch, das Grundbegriffe erläutert, die vielerorts bereits beschrieben wurden, sondern ein praxisbezogenes Buch, welches das weite Spektrum der Depression zum Inhalt hat, der wir in unserer

1 Einleitung

Praxis als jungianischer Psychiater bzw. jungianische Psychologin begegnet sind. Da wir keine scharfen Grenzen zwischen Psychiatrie und Psychologie, zwischen Analyse und Therapie ziehen wollen oder können, verwenden wir die Begriffe Klient/in und Patient/in als gleichwertig, ebenso die Begriffe Therapeut/in und Analytiker/in. Es sind vieldiskutierte Themenkreise, worin sich Klient/in und Patient/in genau unterscheiden, wo Therapie aufhört und Analyse beginnt, die den Rahmen des vorliegenden Werkes sprengen würden.

2 Therapiemodell

2.1 Erwartung und Motivation der Patient/innen

Depressive Patienten und Patientinnen kommen mit Erwartungen in die Psychotherapie, sie ahnen nicht selten gleichzeitig, dass es ihre eigene Problematik ist, die ihnen im Wege steht. Sie wollen ihr entkommen und wieder Lebensmut und Lebensfreude entwickeln. Sie geben als Behandlungsziel an, sie möchten eine befriedigende Beziehung, eine sinnvolle Arbeit, mehr Sinn im Leben, mehr innere Gelassenheit, einen besseren Selbstwert und weniger Verzweiflung und Ängste spüren. Manche verfügen bereits über ein eigenes Erklärungsmodell, wie es der Psychotherapieforscher Bruce E. Wampold und seine Mitautoren erwähnen (Wampold, Imel & Flückiger, 2018). Sie realisieren, dass sie reflexhaft immer wieder in die gleiche Falle treten, aber es erst im Nachhinein bemerken und wollen deshalb neue Einstellungen, neue Fähigkeiten und neue Sichtweisen in der Psychotherapie erwerben und sind motiviert, selber daran mitzuarbeiten.

Andere wiederum kommen und haben bereits einige Male versucht, in einer Psychotherapie ihr Leiden zu überwinden, aber nichts half. Sie sind eher demoralisiert, leiden immer wieder an Depressionen und verfügen über starke Bewältigungsmechanismen, die ihnen helfen, erneute Verletzungen zu ertragen, die sie aber auch daran hindern, ein gutes Arbeitsbündnis und eine gute Arbeitsbeziehung in der Therapie einzugehen. Solche Menschen wissen mehr oder weniger bewusst, dass sie zum Erfolg beitragen sollten, auch wenn sie sich dagegen stemmen. Ihre Haltung ist somit ambivalent; sie erwarten einerseits Heilung, weil sie nicht mehr weiterwissen, aber andererseits ist Angst und ein Widerstreben vorhanden, sich ihren Themen zu nähern. Sie übergeben diesen Konflikt der Fachperson und schauen, wie diese damit umgeht. In solchen Fällen müssen wir die Ambivalenz aushalten bzw. verbalisieren und zunächst das Arbeitsbündnis stärken, wie wir weiter unten ausführen werden. Andere Patient/innen sehen ihre Depression als Defekt an, den sie loswerden wollen, sei es mit Medikamenten, sei es mit sozialen Interventionen bis hin zur Unterstützung für eine Invalidenrente. In diesen Fällen ist eine eigentliche Psychotherapie kaum durchführbar und es ist ein großer Erfolg, wenn solche Menschen, mit oder ohne Rente, zu einer befriedigenden Bewältigung des Alltags geführt werden können.

Laut Wampold et al. sind die Erwartungen der Patient/innen zentral für den Erfolg einer Psychotherapie. Werden die Erwartungen nicht erfüllt, thematisiert bzw. bearbeitet, leidet das Arbeitsbündnis, die Patient/innen brechen die Psychotherapie ab, verweigern sich oder ziehen sich innerlich zurück. Die Erwartungen sind neben der therapeutischen Beziehung und der Behandlung einer der drei fundamentalen Wirkfaktoren einer Therapie (Wampold, Imel & Flückiger, 2018). Die Klärung der Erwartungen der Patient/innen steht also am Beginn einer Therapie.

2.2 Behandlungshypothesen der Therapeut/innen

Allgemein gesprochen strebt der Analytiker oder die Analytikerin nach C. G. Jung eine Auseinandersetzung der depressiven Patient/innen mit ihrem Unbewussten an. Dafür verfügen wir bildlich gesprochen über eine innere Bibliothek an Wissen, was wir tun können, um ihnen zu helfen. Dazu gehört einerseits das psychotherapeutische Wissen von C. G. Jung zur Depressionsbehandlung, andererseits die psychiatrischen Leitlinien der AWMF (Arbeitsgemeinschaft der wissenschaftlichen, medizinischen Fachgesellschaften) zur »unipolaren Depression«, in denen allgemeine Behandlungsziele für Patient/innen mit depressiven Störungen aufgelistet werden, wie die Symptome der depressiven Störung zu vermindern, die Mortalität, insbesondere durch Suizid zu verringern; die berufliche und psychosoziale Leistungsfähigkeit und Teilhabe wiederherzustellen; das seelische Gleichgewicht wieder zu erreichen sowie die Wahrscheinlichkeit für einen direkten Rückfall oder eine spätere Wiedererkrankung zu reduzieren (AWMF, 2017).

Die folgenden Hypothesen lassen sich aus dieser inneren Bibliothek zur Depressionsbehandlung ableiten. Es sind Behandlungshypothesen, was davon in der Psychotherapie realisiert wird, ist eine andere Sache und Thema der darauffolgenden Therapie.

Alltag wieder bewältigen können

Depressionen führen zu Leere, Energielosigkeit, Abkapselung usw. Diese Symptome sind gleichsam ein Pfropf, der ein gestörtes, seelisches Gleichgewicht stabilisiert. Bei allen Interventionen müssen wir darauf achten, dass der depressive Mensch seinen Alltag weiterhin bewältigen kann, egal ob noch erwerbstätig, krankgeschrieben oder in stationärer Behandlung. Individuation macht beim psychisch Kranken Sinn, aber gerade bei ihm ist die Akzeptanz seiner individuellen Grenzen zentral – und in der Jung'schen Psychologie besteht die Gefahr, dass wir oder der depressive Mensch eine Individuation zu einem Idealwesen fantasieren, dass wir vergessen, dass Individuation meint, das zu werden, was individuell in jedem Menschen angelegt ist und dem auch Grenzen gesetzt sind.

Strukturelle Defizite verbessern

Manche depressiven Menschen können sich oder andere schlecht einschätzen, Konflikte und Ambivalenzen können nicht gespürt werden, eine Ambiguitätstoleranz ist kaum vorhanden. Die Psychoanalytiker/innen sprechen in diesen Fällen von ich-strukturellen Defiziten und Persönlichkeitsstörungen (z. B. Borderline-Persönlichkeitsstörung), in Abgrenzung zu neurotischen Konflikten. Bei solchen Depressiven geht es zunächst darum, ihre strukturellen Fähigkeiten zu verbessern, das heißt, dass sie sich selbst sowie die anderen besser wahrnehmen, sich besser affektiv steuern und bessere Bindungsfähigkeiten entwickeln können (Arbeitskreis, OPD, 2014; Müller & Müller, 2018).

Aufgeben kindlich-regressiver Einstellungen

Jung argumentierte, dass der depressive Mensch einseitige Einstellungen entwickelt habe, mit der Folge, dass sich die psychische Energie ins Unbewusste zurückzieht, was eine Regression des Menschen zur Folge hat, die ihn depressiv werden lässt. Es handelt sich dabei um kindliche Fixierungen an Elternfiguren. Die Heilung schreite erst voran, so Jung, wenn der depressive Mensch ein Opfer bringt, nämlich Wünsche der »dämmernden Seligkeit« der Kindheit aufgibt, indem er Abschied nimmt von der kindlichen Träumerei, der Unbeherrschtheit, Triebhaftigkeit und Aggressionslust, aber auch Abschied nimmt von der mütterlichen Symbiose (Jung, 1912, § 571).

Negatives Selbstbild verbessern

Der Jungianer Wolfgang Kleespies (Kleespies, 1998) erwähnt in diesem Zusammenhang das Selbstkonzept des Depressiven, das entwicklungspsychologisch blockiert wurde. Kämpferische Handlungsimpulse werden abgewehrt, der Depressive bleibt passiv, weil sich das Ich minderwertig etc. fühlt. Das Ich-Bewusstsein des depressiven Menschen sieht sich nicht in der Lage für sich etwas Adäquates zu fordern, obwohl entsprechende Wünsche und Bedürfnisse da wären. Die Wertvorstellungen über sich sind negativ, es fehlt ein »narzisstisches Grundgefühl« von Wärme und Geborgenheit mit dem Gefühl, wichtig zu sein.

Integration negativer Bindungserfahrungen

Die Jungianerin Judith Hubback sieht die Depression als Reaktion auf schmerzhafte emotionale Erfahrungen von Trauer, Trennung und Einsamkeit aufgrund von entwicklungspsychologischen Ursachen (depressive Mutter, Krankheit, Tod in früher Kindheit etc.). Es entstehen daraus starke Projektionen und ein Schatten, der ebenfalls in die Übertragung der Analyse einfließen kann. Die Therapeutin kann zum »negativen Objekt« werden, aber über neue Erfahrungen mit ihr und durch die therapeutische Arbeit ist sowohl eine Integration und Wiedergewinnung des »guten Objektes« möglich wie auch die Integration von negativen Bindungserfahrungen (Hubback, 1989).

Ohnmacht und Hilflosigkeit aushalten lernen

Depressive Menschen haben Mühe, Verluste, Trennungen oder Todesfälle auszuhalten und zu betrauern. Sie wurden in der Kindheit nicht selten emotional vernachlässigt, und deshalb sind Verlusterfahrungen zu schmerzhaft, um die damit einhergehende Ohnmacht, Trauer und Hilflosigkeit auszuhalten. Der Weg in die Gefühllosigkeit erscheint einfacher. Daraus resultiert aber Versteinerung, Freudlosigkeit, ein Leeregefühl, oft auch Selbstverleugnung und Selbsthass. Trauer und Ohnmacht auszuhalten sind nicht einfach, aber verhelfen wieder zu einem Leben ohne Depression. Hillman (1997) betont ferner, dass eine der Hauptaufgaben der Psychoanalyse nicht darin bestehe, die schwarze Stimmung der Depression zu beseitigen, sondern in Melancholie zu verwandeln, mit einem gesteigerten Verständnis für all die verschiedenen Stimmungen, Schönheiten, Sehnsüchte, von Nostalgie, Verlust und Traurigkeit.

Konflikte und Komplexe durcharbeiten und integrieren

Eine Depression kann gemäß den Jungianern Annette Müller und Lutz Müller (2018) auch aufgrund ungelöster Konflikte zwischen bewussten und unbewussten Instanzen entstehen, die depressive Komplexe zur Folge haben. Hier ist das Ziel, den Auslöser, die verzerrten Wahrnehmungen (Projektionen), Emotionen, Kognitionen und Handlungsmuster der depressiven Komplexe bewusst zu machen und neue Strategien mit einer adäquateren Realitätswahrnehmung zu finden (Meier, 2019). Erwähnenswert sind in diesem Zusammenhang die von Jung entwickelten Begriffe der Persona, des Schattens und des inneren Kritikers, worauf wir im Folgenden eingehen werden.

Persona anpassen und Projektionen zurückzunehmen

Die Persona betrifft die Rolle, die jemand aufgrund seiner Eigenschaften und Stellung im Leben spielt, sie betrifft die nach außen dargestellten Aspekte der Persönlichkeit. Die Persona übernimmt eine Mittlerfunktion zwischen eigenen Bedürfnissen und kollektiven Anforderungen. Sie betrifft die Art und Weise, wie jemand Beziehung zu anderen aufnimmt. Bei depressiven Menschen ist die Außenwahrnehmung oft durch (idealistische) Projektionen reduziert, wodurch sich diese Menschen zurückziehen oder perfektionistisch verhalten, was aber die depressiven Gefühle verstärkt. Ziel ist daher die Persona adäquater zu gestalten und die Projektionen zurückzunehmen, z. B. die Projektion, dass der andere besser, schöner, klüger etc. ist. Die Persona soll nicht starr an äußere Normen und Werte angepasst sein, sondern flexibler werden.

Schatten wahrnehmen und integrieren

Das Gegenstück zur Persona ist meist der Schatten. Zum Schatten eines Depressiven gehören verdrängte, abgewehrte, aber auch unentwickelte Charakterzüge, Verhaltensweisen und Einstellungen. Nach dem jungianischen Konzept reagiert das Unbewusste kompensatorisch auf einseitige Einstellungen im Unbewussten. Bei Depressiven verbergen sich meist Lebensfreude, Lust und Aggression im Schatten, die es aufzusuchen und wenn möglich zu integrieren gilt. Auch hier können Projektionen auf andere Menschen auftauchen, die zu idealistisch gesehen werden.

Inneren Kritiker wahrnehmen

Eine übermächtige innere, kritische Instanz (psychoanalytisch: Über-Ich) kann zu Depressionen führen. Sie ist wie eine innere Stimme, die immer wieder abwertende, bis hin zu höhnischen oder verächtlichen Bemerkungen zum depressiven Menschen macht. Der Patient oder die Patientin denken, sie müssen perfekt sein und hohe und anspruchsvolle Ziele erfüllen, damit diese innere Stimme Ruhe gibt und fallen, wenn sich dies als nicht möglich erweist, in ein Loch. Adäquater ist, über einen milden, inneren Kritiker zu verfügen, sodass dieser eigenes Ungenügen und Durchschnittlichkeit akzeptieren und sture Wünsche loslassen kann. Dies gelingt besser, wenn der Klient oder die Klientin unbewusste Aggressionen besser wahrnehmen und dem inneren Kritiker entgegensetzen können.

Wiedergewinnung des Sinnes in Lebensphasen-Krisen

Je nach Alter des depressiven Menschen kann eine Regression der psychischen Energie sinnvoll sein, im Gegensatz zu kindlich-regressiven Einstellungen, bei denen notwendige und adäquate Entwicklungsschritte aufgrund kindlich-idealistischer Vorstellungen blockiert werden. Bei kindlich-regressiven Einstellungen verändert sich der Betroffene nicht, weil er lieber versorgt werden will. Anders ist das, wenn jemand in eine Krise kommt. In Krisenzeiten, wie in der Lebensmitte oder rund um die Pensionierung, in der nichts mehr Sinn zu machen scheint, bringt ein regressiver Prozess den Einzelnen vielleicht zu sich selbst zurück, zu seinen verdrängten Wünschen und Vorstellungen, und damit zu einem erneuten Sinn im Leben. Die Krise zeigt sich in der Versteinerung, wird die Versteinerung lebendig, ist eine Chance zur Veränderung da.

Depression als Individuationsstörung

Jung sah Depression als eine verhinderte Reifung der Gesamtpersönlichkeit, als eine Werdensstörung an. Etwas blockiert die Entwicklung, die anstehen würde, sodass sich der depressive Mensch ohne Energie fühlt. Depressive Menschen klagen oft über einen mangelnden Antrieb und über eine gedämpfte Perspektive auf sich, die Umgebung und die Welt. Ihre Möglichkeiten, Freude zu empfinden, sich emotional auf andere einzuschwingen und zu handeln, sind eingeschränkt. Nach Jung liegt der Grund in einseitigen Einstellungen des Bewusstseins, was die Entwicklung hemmt (Jung, 1934a) Ziel ist, die Einseitigkeit der Einstellungen aufzulösen und die ungelösten Konflikte und Komplexe anzuschauen, sodass die anstehenden Entwicklungsaufgaben angegangen werden können (finaler Aspekt).

Ressourcen und final-prospektiven Aspekt aufdecken

Von großer Bedeutung sind in der Depressionsbehandlung die Hoffnung der Patient/innen auf die eigenen Ressourcen und auf die eigene Resilienz. Diese Hoffnung wird in einer tragenden Beziehung zum Therapeuten oder zu einer Therapeutin eher möglich. In der therapeutischen Beziehung kann der depressive Mensch seine Stärken wieder entdecken und kann diese, bei optimalem Verlauf, in den eigenen psychischen Apparat einbauen. Die Depression ist in diesem Fall eine Chance; denn seelisches Leiden zeigt, dass die natürlichen Entfaltungs- und Entwicklungsmöglichkeiten verloren gegangen sind. Der final-prospektive Aspekt der Depression gibt an, was sich in der Depression verbirgt, was nicht gelebt werden kann und welcher Aspekt gelebt werden sollte. Was ist der Sinn hinter der Depression, lautet die entsprechende Frage.

2.3 Therapeutische Haltung

Von unserer Haltung als Therapeut/innen hängt ab, ob der depressive Mensch seine Erwartungen erfüllt sieht, ob er mitmacht, also ein Arbeitsbündnis schließt, ob er sich öffnet, ob er während und nach der Sitzung über das ganze und über sich nachdenkt. Ein ausreichend guter Therapeut bzw. gute Therapeutin verfügt über Offenheit, über Geduld, Wohlwollen, Toleranz und insbesondere über Flexibilität in der Anwendung der Techniken. Er oder sie fördert positive Erwartungen auf Besserung und Zuversicht und entdeckt und repariert Allianzbrüche (Wöller, 2016). Müller und Müller argumentieren zudem, die Analytiker/innen sollten ein Verhalten zeigen, dass beim depressiven Menschen Kreativität, Interesse und Offenheit fördert. Sie haben Vorbild- und Modellcharakter, sie haben »Mut, schwierige, tabubelastete Themen offen anzusprechen, komplexe, widersprüchliche und konflikthafte Situationen auszuhalten, Emotionen zu differenzieren, über die therapeutische Beziehung zu sprechen, Fehler oder Missverständnisse zuzugestehen« (Müller & Müller, 2018, S. 190).

Therapeut/innen sollen kompetent, ernsthaft, integer und professionell wirken und eine normale Alltagssprache benützen, d. h. eine theoretische und abstrakte Sprache vermeiden (ebenda). Sie akzeptieren die Grenzen der Möglichkeiten des depressiven Menschen und können sich für eine längere Dauer der Therapie zur Verfügung stellen.

Die therapeutische Haltung prägt die therapeutische Beziehung bzw. ist mit ihr verflochten, wie der amerikanische Psychotherapieforscher Bruce E. Wampold und Mitarbeiter erklären (Wampold, Imel & Flückiger, 2018). Sie erklären, für ein gutes Therapieergebnis brauche es einen engagierten, empathischen Therapeuten oder eine emphatische Therapeutin, Kongruenz, positive Wertschätzung und eine kompetente Handhabung der Gegenübertragung. Auch der englische Psychoanalytiker David Taylor argumentiert, dass die Haltung der Therapeut/innen wichtig für die Mentalisierungsprozesse bei den Klient/innen ist:

> »Es ist zwar möglich, Symptome durch Deutungen zu lindern, doch therapeutische Veränderung beruht auf umfassenderen, komplexeren Veränderungen des psychischen Funktionierens. Dazu zählt unter anderem, dass der Patient die Haltung des Therapeuten internalisiert und seine eigenen inneren Objektbeziehungen erforscht, denn diese Erkundung soll durch Containment und Verstehen Besserung herbeiführen.« (Taylor, 2010, S. 838)

Zur therapeutischen Haltung gehört außerdem, dass der Analytiker und die Analytikerin verlässliche Strukturen schaffen, die Sitzung pünktlich beginnen, verschwiegen sein können, die ethischen Standesregeln und die Schweigepflicht einhalten und dass sie nichts oder nur sehr wenig aus ihrem persönlichen Leben erzählen. Die therapeutische Beziehung ist asymmetrisch. Es empfiehlt sich dazu ab und zu eine kleine Übung zu machen, nämlich zu versuchen mit den Augen eines Klienten in den eigenen Behandlungsraum zu gehen und diesen auf sich wirken zu lassen. Unter Betrachtung des gesamten Raums können wir uns fragen: Was habe ich für mich und was habe ich für die Klient/innen eingerichtet? Was dient meiner Selbstdarstellung und was biete ich den Klient/innen, damit sie sich wohl und komfortabel fühlen können (Braun. 2016).

Wir wissen heute, dass die Kapazität für Empathie bei der therapeutischen Person als eine der besten Voraussagen für ein gutes Therapieergebnis gilt (Wampold, Ime & Flückiger, 2021). Mit Kapazität meinen wir die therapeutische Fähigkeit, sich auf jeden depressiven Menschen und seine Situation neu einzulassen, ein breites Repertoire an Interventionsmethoden zu kennen, Hoffnung zu vermitteln und die eigenen Komplexe zu kennen; ebenso die Fähigkeit mit schwierigen Situationen und mit Übertragung und Gegenübertragung umzugehen und einen Konsens bezüglich Zielen und Aufgaben der Therapie zu erreichen. Der Psychoanalytiker Manfred Beutel fügt an, dass das Repertoire an Interventionsstrategien dem Verständnis dient:

> »…sei es, dass (der Therapeut) den Patienten stützt und beruhigt, um ihm danach psychoedukativ ein Verständnis seiner Störung zu vermitteln, dass er den Patienten auf eingeübte ›skills‹ verweist, dass er ihm hilft, sein eigenes Erleben zu ›mentalisieren‹, oder dass er die Übertragung deutet. Wenn Verstehen und Intervenieren in schlüssiger Weise stattfinden, wird der Patient sich vom Therapeuten verstanden fühlen und ihm im therapeutischen Prozess folgen.« (Beutel, Doering, Leichsenring & Reich, 2010, S 104f)

Beutel et al. fordern, dass der/die Therapeut/in in der Weiterbildung Kompetenzen zur Beziehungsgestaltung erlernen und ihre eigene Beziehungsangebote und -fähigkeiten kennen. In der ausgedehnten Selbsterfahrung in Jung-Weiterbildungen ist es möglich, die eigenen Komplexe, Schwachstellen oder wunden Punkte kennen zu lernen, sodass diese nicht in die therapeutische Arbeit eingebracht, mit den Patient/innen verwickelt oder in Projektionen ausagiert werden. Jede Person hat Schattenseiten und diese zu kennen, gehört zur Weiterbildung und zum therapeutischen Ethos. Neben der Selbsterfahrung trägt auch die Supervision zur Entwicklung einer professionellen, analytischen Haltung bei. Eigene narzisstische Bedürfnisse sollen zum Wohl der Entwicklung der Individualität des Klienten zurückgestellt werden. Die Klient/innen spüren intuitiv, wenn wir unsere eigenen Verwundbarkeiten und Kränkbarkeiten kennen und damit umzugehen wissen und lernen unbewusst, mit den eigenen Verletzungen und Schwachpunkten umzugehen.

Heinz Böker charakterisiert eine therapeutische Haltung folgendermaßen (2017b):

> **Therapeutische Haltungen (Böker, 2017b, S. 141f.)**
>
> Der/die Therapeut/in bieten sich an als:
>
> - ein ausreichend gutes Objekt (zuverlässig, belastbar),
> - ein Hilfs-Ich (unterstützt, fördert, hilft entwickeln),
> - ein Hilfs-Über-Ich (wendet sich gegen Selbstentwertung, unterstützt adäquate Selbstbewertung, relativiert strenges Über-Ich)
> - ein antwortendes Gegenüber (Resonanz)
> - getrennt von Patient/innen (Begegnung zweier Subjekte, Selbst-Objekt-Differenzierung)
> - interessiert an Patient/innen (an Mitteilungen, an Weiterentwicklung) sowie
> - Handelnde (Unterbindung von Selbstschädigung).

2.4 Die therapeutische Beziehung

Bevor wir die Themen der depressiven Behandlung beschreiben, möchten wir auf das Herstellen einer guten therapeutischen Beziehung (*alliance*) eingehen. Die Qualität der therapeutischen Beziehung gilt heute als allgemeiner Wirkfaktor für bessere Therapieergebnisse. Eine Reihe von wissenschaftlichen Studien belegt, dass eine gute therapeutische Beziehung den Erfolg der Psychotherapie verbessert (Beutel, Doering, Leichsenring & Reich, 2010; von Wyl, Tschuschke, Crameri, Koemeda-Lutz & Schulthess, 2016). Wampold und andere (Wampold, Imel und Flückiger, 2018) erwähnen, dass ein gutes Arbeitsbündnis zuverlässig mit dem Therapieerfolg korreliert.

Der Psychoanalytiker Manfred Beutel erklärt, dass sich allgemeine und spezifische Behandlungstechniken nur bei einer positiven therapeutischen Beziehung entwickeln können (Beutel, Doering, Leichsenring & Reich, 2010). Noch so gute Behandlungstechniken wirken nicht, wenn sie nicht in einer guten therapeutischen Beziehung und innerhalb eines guten Arbeitsbündnisses stattfinden können. Psychodynamische Psychotherapie stellt gerade die therapeutische Beziehung in den Mittelpunkt, nicht zuletzt wegen der Bedeutung der Übertragung, in denen frühere Muster, Komplexe etc. wiederauftauchen können.

2.4.1 Rahmen und Setting

Die jungianische Psychoanalyse geht wie alle anderen Richtungen der Psychoanalyse davon aus, dass ein sicherer Rahmen und verbindliche Verabredungen wichtig für eine gute therapeutische Beziehung sind. Claus Braun argumentiert, dass das Setting, der Raum, die Zeit, die Pausen und Ferien, selbst der Körper des Analytikers und sein Aussehen haltende Funktionen haben. Viele symbiotische Bedürfnisse der Klient/innen werden zeitweise auf das Setting projiziert. Dies wird oft erst sichtbar, wenn das Setting verändert oder aufgebrochen wird (Braun, 2016). Zum Rahmen gehören alle zeitlichen Vereinbarungen wie Stundenfrequenz, feste wöchentliche Termine, Dauer der Sitzungen, Urlaubsregelungen, Ausfallregelungen für Stunden, welche der Analytiker absagt und Stunden, die vom Klienten oder der Klientin nicht wahrgenommen werden.

Zum Rahmen gehört auch die umfassende Information der Klient/innen über den Vorgang der Kostenbewilligung durch die jeweilige Krankenversicherung, die Bewilligungsschritte und die möglichen Stundenkontingente, welche bewilligt werden können, einschließlich des Zeitpunktes, zu dem Fortsetzungsanträge gestellt werden müssen. Bei all diesen Fragen ist eine informierte Übereinstimmung zwischen beiden anzustreben. Zum Setting gehören ferner die Aufklärung über die Behandlungsmethode und Techniken wie den Dialog, die Traum- und Imaginationsarbeit, die Verwendung von Bildern, die Abstinenzregel und anderes mehr (vgl. detaillierte Informationen in: Müller & Müller, 2018, S. 263–268). Je nach Möglichkeit des Klienten oder der Klientin, die sich im Erstgespräch zeigen, wird eine stützende Psychotherapie oder eine jungianische Analyse oder Abstufungen dazwischen in Betracht gezogen. Gründe für ein solches Vorgehen können soziale oder psychische Gründe der Klient/innen sein (▶ Kap. 3 Diagnostik).

2.4 Die therapeutische Beziehung

Zum Rahmen gehört nicht zuletzt die unbedingte Sicherheit für die Klient/innen, dass die therapeutische Beziehung von uns gewahrt und vor jeglichem Missbrauch geschützt wird. Es sollte unser Ziel sein, einen sicheren, stabilen und einsichtsfördernden therapeutischen Raum bereitzustellen (*temenos*).

> **»Temenos« und »vas hermeticum«**
>
> Analytische Psycholog/innen nennen den sicheren Raum der therapeutischen Praxis »temenos« oder »vas hermeticum«. Das betrifft nicht nur den äußeren Praxisraum, sondern auch den inneren Raum, in dem der depressive Mensch z. B. einen sicheren, geschützten Ort imaginiert. Das Wort »temenos« stammt aus dem Griechischen. Témno heißt, ich schneide bzw. ich trenne ab. Es stand ursprünglich für einen abgegrenzten Ort (Tempel), in dem kultische, magische oder heilige Handlungen durchgeführt werden.
>
> Der Begriff »vas hermeticum« stammt aus dem Lateinischen und kommt von »vas«: Gefäß, »vas hermeticum«: hermetisches Gefäß. Er bezeichnet ein Gefäß, das abgeschlossen ist, sich im Wandlungsprozess befindet und in dem der wundersame Stein der Weisen geboren wird. (Müller & Müller, 2018)
>
> Beide symbolischen Begriffe bedeuten in der jungianischen Auffassung, dass es Klient/innen im analytischen Raum möglich sein soll, ihre Ängste, Sorgen, Affekte, Triebe, Trauer und traumatische Erinnerungen zulassen zu können. Das »vas hermeticum« verweist auf »die für den Individuationsprozess erforderlichen Tugenden wie Zeit, Beharrlichkeit, Engagement, Experimentieren, Geduld, Wiederholung, Aushalten-Können von emotionalen Spannungen und Verschwiegenheit.« (Müller & Müller, 2018, S. 320)

2.4.2 Zielfindung

Das therapeutische Paar entscheidet gemeinsam, wie und an welchen Themen psychotherapeutisch gearbeitet werden soll. Wir geben eine Auslegeordnung, welche Themen und welche Symptome nach dem Ermessen des depressiven Menschen einen Einfluss auf die geschilderten Beschwerden haben könnten, sei es die momentane psychosoziale Situation (Beziehungen, Familie, Arbeit, Tagesstruktur etc.), kritische Ereignisse in der Lebensgeschichte (Traumata, frühkindliche Entwicklung) oder Sinnfragen. Der depressive Mensch entscheidet, welche Punkte für ihn Sinn machen und wo er beginnen will. Solange er sich oder andere durch seine Entscheidungen nicht in eine akute Gefahr bringt, müssen wir seinen Willen bestmöglich berücksichtigen. Sieht der depressive Mensch keinen Zusammenhang zwischen seiner Lebensgeschichte und der psychosozialen Situation einerseits und seinen Symptomen andererseits und lässt sich ein solcher auch nicht entwickeln, bleibt meist, neben Psychopharmaka, nichts anderes, als mit ihm die depressionsfördernden Faktoren seines Lebensstils psychoedukativ zu bearbeiten und zu eruieren, ob konkrete Handlungsanweisungen (Sport, Entspannungsübungen) einen Sinn machen. Selbstverständlich kann ein solches Arrangement sich immer wieder ändern. Die vorhin beschriebenen Behandlungshypothesen behalten wir im Hinterkopf bei.

Die Analytische Psychologie konzentriert sich bei der Behandlung von Patient/innen auf deren Bedürfnisse: Was möchten sie und wie kann man mit ihnen verstehen, wie sie besser mit ihren Problemen umgehen können, mit ihren inneren und äußeren Konflikten und Möglichkeiten, mit ihren verschiedenen Ansprüchen an sich und ihren Wahrnehmungen von sich und den anderen? Die Behandlung sollte sich an den Zielen der Patient/innen orientieren, nicht umgekehrt.

Die Ziele der Patient/innen sind für den Kontext der Behandlung wichtig, ebenso für die Bedeutung, die die einzelnen Interventionen haben. Die Aufgabe von uns ist es allgemein, den Betroffenen zu helfen über sich und die inneren Vorgänge und Objekte nachzudenken und sie besser verstehen zu lernen, sodass man Schwierigkeiten, Problemen, Konflikten oder Komplexen nicht mehr reflexhaft ausweicht oder diese ausagiert, sondern adäquater damit umgehen lernt und sich stärker für sich und sein Verhalten verantwortlich fühlt. Im analytischen Raum ist das gemeinsame Finden von Zielen auch ein gemeinsamer Erkenntnisprozess, wobei der Analytiker und die Analytikerin bei sich Beobachtungen, Eindrücke, Übertragungsbereitschaften, unbewusste Fantasien und bewusstes Nachdenken zulässt (Bion: Reverie; träumerisches Ahnungsvermögen). Diese Vorgänge geschehen mit jeder Sitzung neu und müssen bei uns ein »Nicht-Wissen« zulassen, um unvoreingenommen jeder Klientin und jedem Klienten in jeder Sitzung neu begegnen zu können.

Unser aufmerksames Registrieren, was zwischen uns und dem depressiven Menschen abläuft, wird durch Zuhören und Nachfragen (Explorieren) erreicht, wie auch durch Empathie, Mut machen und dem Würdigen, was er fühlt und erlebt, ohne vorschnell Erklärungen und Handlungsanweisungen zu liefern. Andererseits braucht es manchmal auch Erklärungen, wieso sich etwas so und nicht anders anfühlt. Diese Vorgänge werden durch das Fokussieren auf bestimmte Bereiche erleichtert und manchmal durch das Deuten, damit sich der depressive Mensch besser ergründen und seine Konflikte besser verstehen lernt (Braun & Otscheret, 2005).

2.4.3 Identifizieren von Problemkreisen

Der depressive Mensch sucht die Behandlungspraxis auf, weil ihn etwas plagt. Nehmen wir einmal an, er klagt, er fühle sich immer so kraftlos und fühle sich als Versager, er wisse, er habe hohe Erwartungen an sich, aber er könne das nicht ändern. In der Analytischen Psychologie gehen wir von aktuellen Konflikten aus, die in der Biografie eine Erfahrungs- und Entwicklungsgeschichte haben. Die genaue Exploration und die Bewältigung der aktuellen Konflikte ist entscheidend wichtig. Wo stößt der Patient oder die Patientin genau an, wie erlebt er die Probleme und was machen sie mit ihm und ihr? Es geht in der Behandlungspraxis darum, solche Fragen empathisch zu stellen. Manchmal muten uns die Nöte der Patient/innen fremd an, wenn wir eine andere Typologie als sie haben, wenn z. B. ein eher intuitiv vorgehender Therapeut auf eine zwanghaft-depressive Patientin stößt, aber auch hier ist geduldiges und interessiertes Nachfragen von Vorteil.

Die aktuellen Probleme und Konflikte stehen im Zentrum. Die biologische Konstitution im engeren Sinne, Krankheiten und die früheren entwicklungspsychologischen Konflikte sind nur insofern interessant, als sie die aktuelle Problematik und den blockierten Individuationsweg mitbestimmen (Jung, 1934b, § 363). Klient/innen sind selten erstaunt, dass ihre aktuellen Probleme mit früher zu tun haben können, manchmal aber wünschen sie explizit, in der Gegenwart und deren Thematik zu bleiben – ein Wunsch, der unseres Erachtens erfüllt werden muss. Oft ist es später möglich, tiefer in die Biografie einzusteigen und Auslösesituationen zu finden. Der entscheidende Faktor der Probleme liegt für die jungianische Psychoanalyse in der Gegenwart, nicht in den unbewältigten Konflikten der Vergangenheit. Die Problematik wird täglich neu erzeugt und in Szene gesetzt. Sie wird auch im Heute überwunden und geheilt. Inwieweit die lebensgeschichtliche Vergangenheit dafür mitbedacht wird, wird zusammen mit dem depressiven Menschen entschieden.

Unsere Haltung ist, dass die Rekonstruktion der Lebensgeschichte insofern von Bedeutung ist, als sie die aktuellen Konflikte verstehen hilft und um herauszufinden, wie frühe Bewältigungsmuster entstanden. Für uns ist ferner zentral mit dem depressiven Menschen herauszufinden, was der unbewusste Entwicklungswunsch in seinen Konflikten ist: Was möchte er unbewusst erreichen, wohin zielt seine Entwicklung, was ist in seinen Symptomen verborgen und welche inneren Hindernisse stellen sich ihm entgegen (*finaler Aspekt*)? Wir fragen also nicht nur nach dem Warum seiner Probleme, sondern auch nach dem Wozu.

Neben den aktuellen Konflikten bei einer leichten Depression oder einer akuten Belastungsreaktion existieren überdauernde Konflikte und chronische Belastungen, die sich etwa in einer mittelgradigen Depression oder einer Erschöpfungsdepression äußern können und von uns erkannt werden sollten (▶ Kap. 4.3, 4.4 und 5.3. In chronifizierten Depressionen existiert ein *circulus virtuosus*, ein Teufelskreis, der die Depression aufrechterhält. Das Ziel der Psychotherapie ist die Überwindung solcher Teufelskreise.

2.4.4 Identifizieren von Ängsten

Patient/innen haben manchmal Mühe, einen emotionalen Kontakt mit uns zu akzeptieren, weil sie dann in Kontakt mit ihren Schattenseiten kommen und mit Ängsten oder Komplexen konfrontiert werden. Sie wehren sich unbewusst mit Schutz- und Bewältigungsmechanismen. Gleichzeitig ahnen oder wissen sie, dass ihre Ängste ein Thema sind und dass sie nicht darum herumkommen, sich mit ihnen zu konfrontieren, aber sie möchten, um es bildlich zu sagen, sich im Wasser nicht den Pelz nass machen. Unbewusstes Material kann ängstigen, deshalb sollten wir mit den damit einhergehenden Schutzmechanismen vertraut sein und es wagen, diese dosiert anzusprechen – z. B. indem wir die Schutzmechanismen wertschätzend ansprechen. Die Erfahrung zeigt, dass es den meisten Klient/innen schließlich einfach fällt, über ihre Ängste zu sprechen, ja, dass sie manchmal richtig erleichtert sind, dass sie darüber reden können. In ihrer Kindheit oder in der Gegenwart wurden diese Ängste evtl. nicht ernstgenommen, sie wurden ausgelacht oder sie mussten unterdrückt werden. Die Psychotherapie bietet eine Möglichkeit, diese zu explorieren und diese aus Distanz mittels symbolischen Materials wie dem Traum heraus anzuschauen. Dies betrifft Ängste, sich zu öffnen, über sich zu sprechen, weil man es nicht gewohnt ist oder Ängste, dass sie in der Therapie Leistung erbringen zu müssen und andere Ängste.

2.4.5 Arbeitsbündnis

Bei Lutz und Annette Müller (2018) gehört zu einem guten Arbeitsbündnis, dass der Analytiker oder die Analytikerin auf einen

> »sicheren, geschützten Rahmen mit klaren Regeln achtet, auf eine tragfähige, vertrauensvolle Beziehung und auf den notwendigen geistigen Frei- und Spielraum, in dem die Kreativität sich entfalten kann. In Zweifelfällen spricht er frühzeitig an, ob diese förderlichen Bedingungen für den Patienten gegeben sind und falls nicht, wie sie für ihn hergestellt und aufrechterhalten werden können.« (Müller & Müller, 2018, S. 191)

Sie argumentieren außerdem, dass man den Patient/innen immer alle Informationen geben soll, die diese brauchen, um zu verstehen, was in der Therapie gerade geschieht und warum. »Der Patient soll sich als gleichwertiger Partner fühlen können und ermutigt werden, alle Fragen, die er für sein Bedürfnis nach Autonomie, Orientierung und Kontrolle benötigt, auch stellen zu können.« (ebenda) Wir können ein gutes Arbeitsbündnis herstellen, wenn wir achtsam, respektvoll und unterstützend sind, dem depressiven Menschen helfen, seine Ziele zu klären, ihm seine Ressourcen, aber auch die Grenzen der analytischen Arbeit aufzeigen.

Bei weniger stark belasteten Patient/innen können in der Regel von Beginn an stabile Arbeitsbündnisse erzielt werden. Das ergab die Forschung der Praxisstudie ambulante Psychotherapie Schweiz (Pap-S), bei der auch Jungianer/innen teilnahmen. Die Pap-S-Studie verglich in einer naturalistischen Prozess-Ergebnisstudie die Effektivität und mögliche Wirkfaktoren verschiedener methodischer Ansätze in der ambulanten psychotherapeutischen Versorgung der Schweiz. In den Jahren 2007 bis 2013 wurden insgesamt 362 Behandlungen von zehn verschiedenen Therapieschulen beforscht (von Wyl, Tschuschke, Crameri, Koemeda-Lutz & Schulthess, 2016). Bei schwierigen Patient/innen wurden die Behandlungskonzepte variiert und an der Verbesserung des Arbeitsbündnisses gearbeitet, sei es, dass man sich empathisch auf sie einstellte oder das Behandlungstempo verlangsamte und sich den Möglichkeiten von ihnen anpasste oder indem man die Behandlung mehr strukturierte oder sie länger als geplant durchführte, sogar, wenn das übliche Behandlungskonzept dadurch modifiziert werden musste (Tschuschke, 2016).

Ziel war immer eine genügend gute Arbeitsbeziehung zu haben. Abstriche an der Behandlungstechnik sind also manchmal wesentlich, um die gute therapeutische Beziehung zu erhalten bzw. zu stabilisieren, denn Tschuschkes Untersuchung ergab: Je belasteter ein Patient oder eine Patientin war, also je schwerer die strukturelle Störung war, desto stärker belastete er oder sie das Arbeitsbündnis und desto mehr reduzierten, insbesondere erfahrene Therapeut/innen das Ausmaß der schulenspezifischen Interventionen und wandten schulenunspezifische Techniken an (Tschuschke, 2016).

2.4.6 Übertragung und Gegenübertragung

C. G. Jung beschrieb in seinem Verständnis des Übertragungsprozesses, dass sich das analytische Paar projektiv ineinander verschränken kann (Jung, 1946). Jung verglich diesen Prozess mit einer chemischen Reaktion zweier Substanzen. Er verstand den therapeutischen Prozess als Austausch zwischen dem Bewusstsein und dem Unbewussten beider Beteiligter, in welchem unbewusste Inhalte wechselseitig projiziert oder übertragen und gegenübertragen werden.

Das analytische Paar tritt also gemäß den Vorstellungen der Analytischen Psychologie nach C. G. Jung in einen gemeinsamen, therapeutischen Raum ein, in dem nicht nur eine bewusste Begegnung stattfindet, sondern ebenso eine unbewusste, subliminale Kommunikation der unbewussten Psyche der beiden. »Dies äußert sich zum Beispiel in Sympathien und Antipathien, in der wechselseitigen Körpersprache, in vegetativen Befindlichkeiten, in Verständnisschwierigkeiten und im Widerstand, in der Aktivierung oder Abschwächung von Abwehroperationen …« (Braun, 2016, S.13). Es stellt sich somit ein intersubjektives Feld ein, in dem Bereitschaften vorhanden sein können, sich zu ändern und zu wandeln. Die Analytische Psychologie stützt sich auf ein solches interpersonales und intersubjektives Beziehungsmodell, das einerseits von Jung gefordert wurde und später von weiteren Jungianer/innen theoretisch untermauert wurde (vgl. Braun, 2016, Braun & Otscheret, 2005).

Claus Braun hat diese Vorgänge in seinem Buch »Die therapeutische Beziehung« (2016) unter Zuhilfenahme der Säuglingsforschung, der psychoanalytischen Objektbeziehungstheorie, der Mentalisierungstheorie und der Bindungsforschung ausführlich beschrieben. Wir fokussieren uns im Folgenden auf die spezifischen Übertragungsbereitschaften von depressiven Menschen. So kann ein depressiver Mensch seine Komplexe und ungelösten frühen Beziehungserfahrungen auf uns übertragen (Jung, 1934c, § 199 ff.).

Ein Patient wuchs mit einem sehr kritischen Vater auf, was ihn in der Jugendzeit depressiv werden ließ. Nichts war dem Vater gut genug. Als er auszog, hellte sich seine Stimmung etwas auf. Aber diese Erfahrungen holen ihn nun wieder ein, als sein Chef kritische Bemerkungen zu seiner Arbeit macht. Auch in der Therapie reagiert er schnell gekränkt, weil er den kleinsten Hinweis des Analytikers als Vorwurf empfindet (Therapeutin: IM). Der Patient leidet aufgrund seines Vaterkomplexes an verzerrten Wahrnehmungen und projiziert in der Folge seinen Vater sowohl auf den Chef wie auf den Analytiker. Er konnte die Vorstellungen seines Vaters nicht erfüllen und denkt nun, dass auch der Analytiker Vorstellungen von ihm hat, denen er nicht genügt. Der Analytiker wiederum reagiert unbewusst auf die Übertragung. Gemäß Übertragungstheorie kreiert der Patient ein unbewusstes Feld, in dem der Analytiker ähnlich ärgerlich und unge-

> *halten reagieren soll, wie es eben sein Vater tat. Der Analytiker aber reagiert nun nicht so, wie der Patient es von ihm erwartet, nämlich genervt, sondern denkt mit dem Patienten darüber nach, was da gerade abläuft, wie er sich gerade fühlt und wieso das eventuell so ist. Das Übertragungsgeschehen kann dadurch bewusst werden.*

Vorausgeschickt werden muss, dass wir unsere eigenen Schwachpunkte, Komplexe und Konflikte kennen und wissen sollten, wann und wodurch sie ausgelöst werden. Erst wenn wir die eigenen, verletzten Seiten und die Grenzen unserer Möglichkeiten kennen, haben die Klient/innen die Chance, den inneren Therapeuten oder die innere Therapeutin zu aktivieren, anstatt die Heilung auf uns zu projizieren und dann evtl. zu unterlaufen.

2.4.7 Transzendente Funktion

Durch die Arbeit an der unbewussten Übertragung, erweitert sich das Bewusstsein der Patient/innen, sie realisieren etwas, was sie vorher nicht wussten oder trauen sich vielleicht mehr zu. Wir helfen ihnen, ihre Gefühle und Eindrücke zu verbalisieren, sodass die Reflexion oder die Symbolarbeit verbessert werden kann.

In der jungianischen Tradition werden diese Prozesse »transzendente Funktion« genannt. C. G. Jung beschrieb die »transzendente Funktion« 1916 in einem Aufsatz (Jung, 1916). Sie beschreibt die Fähigkeit, Inhalte des Bewusstseins mit Inhalten des Unbewussten in Verbindung zu bringen. Es ist ein Prozess des Hin und Her von Bewusstsein und Unbewussten, unter der Zuhilfenahme des symbolischen Materials der Träume, Fantasien und Imaginationen. Aufgabe des Analytikers oder der Analytikerin ist, die Begegnung zwischen dem Ich und dem Unbewussten des depressiven Menschen zu fördern und gedankliche Differenzierung und Bewusstwerdung zu ermöglichen. Dafür müssen wir bereit und fähig sein, uns einzulassen und dennoch den bewussten Überblick zu bewahren. Wir helfen dem depressiven Menschen beim Nachdenken, mit Fragen wie zum Beispiel: »Was könnte dieses Traumsymbol für Sie bedeuten, was hat diese Figur hier zu sagen?« So reichert sich das bewusste

Wissen der Patient/innen mit unbekanntem, symbolischem Material an, was dazu führen kann, eine andere Perspektive als normal einzunehmen. Sie lernen im Alltag die Projektionen besser wahrzunehmen und dadurch zurückzunehmen und die Realität so zu sehen, wie sie wirklich ist.

Psychoanalytiker/innen nennen diesen Prozess das Schaffen eines »analytischen Dritten« als Ergebnis des Begegnungsprozesses von Analytiker/in und Patient/in, weil diese zu zwei Menschen werden, die aufeinander bezogen sind, die etwas Drittes schaffen, das sie durchaus subjektiv unterschiedlich erfahren (Ogden, 2001). Der Patient oder die Patientin erlebt eine heilsame, unterstützende Beziehung zu einem anderen Menschen, die hilft, nachzudenken und zu reflektieren.

Die Objektbeziehungstheorie betont die Beziehung des analytischen Paares, da das Ich des Klienten ein menschliches Gegenüber sucht. Der Analytiker stellt nach diesem Modell seine eigene Beziehungsfunktion bereit, wie ebenso seine Einfühlungsmöglichkeit (Empathie), seine Fähigkeit, den Klienten innerlich zu halten und dessen konflikthaltiges Material in sich zu bewahren (*holding*) und produktiv zu verändern (*containing*). Auch die spiegelnde Antwortbereitschaft des Analytikers als Selbstobjekt können Patient/innen nutzen, um ein kontinuierliches, kohärentes und positives Selbst aufzubauen.

Im Kapitel 5 werden verschiedene Übertragungs- und Gegenübertragungsbereitschaften bei depressiven Patienten/innen vertiefter erläutert und mögliche Behandlungswege aufgezeigt (▶ Kap. 5).

3 Diagnostik

3.1 Epidemiologie der Depression

Die Störung Depression tritt häufig auf, aber die genaue Häufigkeit zu beziffern ist schwierig, da der Übergang von normal/gesund zu krank in der Psychiatrie und ganz besonders bei Depressionen fließend ist. Es gibt keine klaren Parameter, was krank ist. Aber selbst, wenn nicht alle Kriterien für eine Diagnose gemäß den gängigen Diagnosesystemen erfüllt sind, kann der Leidensdruck erheblich sein. Zur Schwierigkeit der Bestimmung einer genauen Epidemiologie trägt bei, dass retrospektive Studien deutlich tiefere Werte als prospektive ergeben. Der Grund liegt darin, dass Befragte die Tendenz haben, unangenehme Erinnerungen zu verdrängen oder umzudeuten. So verglich das Schweizerische Gesundheitsobservatorium (Obsan) die prospektive Zürcher und Dunedin Kohortenstudien mit einer amerikanischen, retrospektiven Studie (NCS-R). Die prospektiven Studien ergaben eine Lebenszeitprävalenz zwischen 32,5 und 41,4 %, während die retrospektive Studie nur eine von 16,6 % ergab (Obsan, 2017, S. 2). Aber auch prospektive Studien ergeben eher zu tiefe Werte, denn die Befragungen erfolgen meist nur alle 2–5 Jahre, wodurch erneut Verdrängung und Umdeutung aktiviert werden.

Depressive Patient/innen haben darüber hinaus eine starke Tendenz zur Wiedererkrankung. Die Rückfallquote ist hoch, etwa die Hälfte der Personen, die an Depression leidet, erlebt eine zweite depressive Episode (APA, 2003). Trotzdem kann gesagt werden, dass die Lebenszeitprävalenz, also das Risiko, irgendeinmal im Leben an einer Depression zu erkranken, bei etwa 40 % liegt und die Gefahr, an irgendeiner psychischen Störung zu erkranken bei 80 % (Obsan, 2017).

3.2 Psychostatus

In der Psychiatrie ist es üblich, einen sogenannten Psychostatus aufgrund der Symptome zu erstellen, der einerseits auf der Selbstbeurteilung durch die Patient/innen, andererseits auf der Fremdbeurteilung durch den Therapeuten oder die Therapeutin basiert. Die Symptome sagen weder etwas aus über die psychodynamischen Ursachen des Leidens noch über die Dynamik der seelischen Instanzen oder über die Dynamik mit der sozialen Umwelt.

Wir überlegen uns dabei, zu welcher Diagnose der Symptomkomplex anhand der psychiatrischen Manuale ICD-10 bzw. DSM-5 passen könnte, d. h. wir bilden eine Differentialdiagnose, was erste Richtlinien für ein therapeutisches Handeln gibt. Immer wieder geschieht es indes, dass sich der gefundene Symptomenkomplex nicht in einer einzigen Diagnose unterbringen lässt und eine Doppel- oder Mehrfachdiagnose nötig wird. Eine solche klinische Diagnostik beschreibt keine Ursachen der Depression und bietet keine ausführliche Handlungsanleitung für die Therapie, sie wird aber als gemeinsame Sprache der Therapeut/innen, die sich mit psychischen Störungen beschäftigen, verwendet.

3.3 Das depressive Syndrom

Die Depression zeichnet sich durch eine große Variabilität aus, die diagnostischen Manuale haben jedoch nur für die uni- und bipolare Depression eine Kategorie reserviert und unterscheiden darin »leichte«, »mittelgradige« von einer »schweren depressiven Episode« (▶ Tab. 3.1), eine Reihe weiterer psychischer und körperlichen Erkrankungen gehen mit Depression einher (Komorbidität) wie Herzinfarkt, Diabetes oder eine Krebserkrankung. In der Anamnese ist die Frage nach körperlichen Beschwerden deshalb unabdingbar und im Zweifelsfall die Zusammenarbeit mit einem Arzt oder einer Ärztin sinnvoll. Schizophrene zeigen

Tab. 3.1: Psychopathologischer Befund der Depression (AWMF, 2017, S. 12–15)

Symptome		Diagnose
Haupt-symptome	gedrückte Stimmung (Störung der Affektivität)	
	Interessensverlust, Freudlosigkeit (Störung der Affektivität)	
	Antriebslosigkeit, erhöhte Ermüdbarkeit (Störung von Antrieb und Psychomotorik)	
Zusatz-symptome	verminderte Konzentration und Aufmerksamkeit (Aufmerksamkeits- und Gedächtnisstörung)	
	vermindertes Selbstwertgefühl und Selbstvertrauen (Störung der Affektivität)	
	Gefühl von Schuld und Wertlosigkeit (Störung der Affektivität)	
	Suizidgedanken (andere Störung)	
	Schlafstörung (somatischer Befund – Schlaf und Vigilanzstörung),	
	Appetitmangel (somatischer Befund – Appetitstörungen)	
	psychomotorische Agitiertheit oder Hemmung (Antriebs- und psychomotorische Störung)	
2 Haupt- und 2 Zusatzsymptome ergeben eine		leichte depressive Episode
2 Haupt- und 3 – 4 Zusatzsymptome ergeben eine		mittlere depressive Episode
3 Haupt- und mehr als 4 Zusatzsymptome ergeben eine		schwere depressive Episode, evtl. mit Wahnsymptomen

oft in der Remissionsphase depressive Symptome. Bei Persönlichkeitsstörungen wie Borderline oder bei narzisstischen Störungen sind depressive Zustände häufig, auch bei Essstörungen, Angsterkrankungen, einer posttraumatischen Belastungsstörung oder einer akuter Belastungsreaktion. Wenn die Bedingungen für eine depressive Episode erfüllt sind, gewisse Symptome aber nicht eingeordnet werden können, muss eine Zweitdiagnose gestellt werden.

Das erklärt den Begriff des depressiven Syndroms noch nicht. Woraus besteht es?

Das AMDP-Manual (Arbeitsgemeinschaft für Methodik und Dokumentation in der Psychiatrie; AMDP, 2018) unterscheidet zwischen psychischen und somatischen Befunden. Dabei werden die psychischen Befunde in zwölf Untergruppen (A), die somatischen Befunde in sieben Untergruppen (B) aufgeteilt.[1] Die Diagnose »depressives Syndrom« lässt sich stellen, wenn die Symptome einerseits mindestens zwei Wochen angedauert haben und aus Haupt- und Zusatzsymptomen bestehen, die einerseits psychische, andererseits somatische Symptome ausmachen (▶ Abb. 3.1) Je nach Anzahl von Haupt- und Zusatzsymptomen wird eine leichte, mittlere oder schwere depressive Episode diagnostiziert.

---

1 A. Die psychischen Befunde betreffen Bewusstseinsstörungen, Orientierungsstörungen, Aufmerksamkeits- und Gedächtnisstörungen, formale Gedächtnisstörungen, Befürchtungen und Zwänge, Wahn, Sinnestäuschungen, Ich-Störungen, Störungen der Affektivität, Antriebs- und psychomotorische Störungen, circadiane Besonderheiten, andere Störungen. B. Die somatischen Störungen werden unterteilt in Schlaf- und Vigilanzstörungen, Appetitstörungen, gastrointestinale Störungen, kardio-respiratorische Störungen, andere vegetative Störungen, weitere Störungen, neurologische Störungen.

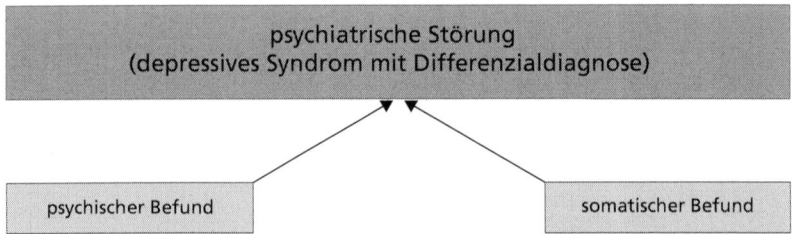

Abb. 3.1: Die depressive Störung besteht aus psychischen und somatischen Befunden (psychiatrisches Krankheitsmodell) (adaptiert aus Roth, 2018)

3.4 Psychopharmakotherapie der Depression

Es gibt chemische Substanzen, die einen stimmungsaufhellenden und/oder antriebsverbessernden Effekt haben. Dies macht sich die biologische Psychiatrie zunutze, um quälende, depressive Symptome positiv zu beeinflussen. Sie sucht nach Substanzen mit Effekten, die möglichst gut vertragen werden, also möglichst wenige Nebenwirkungen haben und nicht abhängig machen. Serotonin, Noradrenalin und Dopamin beeinflussen den Hirnstoffwechsel bezüglich Stimmungsregulation, ohne dass man den genauen Zusammenhang in Bezug auf Depression kennt. Die Pharmaforschung versucht durch die Wirkungsmechanismen dieser Stoffe das Verhalten erkrankter Menschen positiv zu beeinflussen, was ihr zeitweise zu gelingen scheint, aber das Geheimnis Depression ist damit nicht gelöst. Die Dynamik ist kompliziert.

Wie die Erfahrung zeigt, dauert die Suche nach einem wirksamen Antidepressivum manchmal kürzer, manchmal länger, manchmal wird man auch nicht fündig. Warum teilweise bereits kleinste Dosen wirksam sind, manchmal erst starke Dosen, manchmal gar nichts wirkt, wie es in der Praxis häufig beobachtet wird, ist nicht befriedigend geklärt. Mit der personalisierten Medizin, d.h. konkret mit der Fragestellung, wie sich die verschiedenen Patient/innen, stoffwechselmäßig oder genetisch unterscheiden, wird auf einer naturwissenschaftlichen Basis versucht, der Frage nachzugehen, bis heute ohne Resultate mit einer größeren praktischen Relevanz.

Bis 1991 wurde im ICD-9 die endogene von den neurotischen Depressionen unterschieden, endogene Depressionen glaubte man mit Psychopharmaka behandeln zu können und neurotische mit Psychotherapie. In den 1970er- und 1980er Jahren wurde realisiert, dass Psychopharmaka nicht diagnose-, sondern symptomspezifisch eingesetzt werden müssen. Bei schwereren Depressionen bedeutete dies in der Regel die Kombination von Psychopharmaka mit Psychotherapie. Auch die Kombination verschiedener Psychopharmaka, d. h. verschiedene Antidepressiva und/ oder ein Antidepressivum mit einem Neuroleptikum und/oder einem stimmungsstabilisierenden Medikament kann gute Effekte aufweisen.

Eine 2006 publizierte Studie (Rush et al., 2006) fasst verschiedene klinische Antidepressiva-Studien zusammen und kommt zum Schluss, dass Antidepressiva wahrscheinlich nur bei schweren Depressionen einen besseren Effekt erzielen als Placebos. Trotzdem zeigt die Erfahrung ebenso bei mittleren Depressionen häufig positive Effekte, vor allem, wenn der Patient oder die Patientin explizit nach einem Antidepressivum fragt. Jeder Mensch, auf den eine Substanz wirkt, reagiert eben unterschiedlich! Folglich lassen evidenz-basierte Studienergebnisse aus der pharmakologischen Forschung nur bedingt konkrete Schlussfolgerungen hinsichtlich Wirksamkeit und Sicherheit in der therapeutischen Praxis zu. Neben den evidenzbasierten Daten randomisierter Studien, Feldstudien oder Metaanalysen, ist die auf Erfahrung basierte Anwendung von Antidepressiva von hoher Bedeutung, gemäß der »experience-based therapy«.

Die Psychopharmaka-Medikation wird innerhalb einer therapeutischen Beziehung abgegeben. Jedes Medikament hat einen Placeboeffekt und kann als ein Übergangsobjekt zwischen Arzt und Patient angesehen werden. Wenn der Arzt in ein Medikament kein Vertrauen hat, ist die Chance klein, dass es seine volle Wirkung entfalten kann. Die Übergabe eines Rezeptes oder eines Medikamentes und die regelmäßige Einnahme des Medikamentes haben einen rituellen Charakter – und Riten haben immer einen stabilisierenden Effekt.

Konkret werden in der Psychopharmako-Therapie der Depression verschiedene Substanzen eingesetzt:

- Antidepressiva mit unterschiedlichen Wirkungsmechanismen und einige Antipsychotika, die die Blut-Hirn-Schranke passieren und in den Synapsen auf verschiedene Art und Weise ihre vor allem anregende Wirkung entfalten;
- Lithium und andere stimmungsstabilisierende Substanzen, meist Substanzen, die sonst in der Epilepsiebehandlung gebraucht werden, die auch die Blut-Hirn-Schranke überwinden und die die Impulsleitung in den Neuronen stabilisieren;
- Benzodiazepine, die beruhigend, vor allem angstlösend und sedierend wirken. Sie haben ein größeres Suchtpotential und sollten, wenn möglich, zeitlich begrenzt, mit Vorsicht und unter Kontrolle eingesetzt werden;
- Betablocker, die die Blut-Hirn-Schranke nicht überwinden. Sie können aber die peripheren Symptome einer Depression positiv beeinflussen, d. h. somatische Symptome wie Schwitzen, Tremor, Herzjagen, etc.
- In den letzten Jahren wurde begonnen, das Medikament Ketamin (Spravato) als Infusion oder Nasenspray einzusetzen, meist in Kombination mit intensiver Psychotherapie. Diese Substanz stammt ursprünglich aus der Narkosemedizin und wird ebenfalls als Partydroge verwendet, Die depressionslösende Wirkung tritt sehr rasch ein, aber die Suchtgefahr ist groß. Es sollte deshalb nur von spezialisierten Ärzten abgegeben werden.

Alle Medikamente, nicht nur die Psychopharmaka, können verschiedenste, häufige oder seltene Nebenwirkungen haben, die mit dem verordnenden Arzt besprochen werden sollten. Dazu ist es sinnvoll, wenn der/die Psychotherapeut/in vom depressiven Menschen vom Berufsgeheimnis gegenüber dem Arzt entbunden ist, damit eine Zusammenarbeit möglich wird, mit der Garantie, dass der/die Patient/in über diese Zusammenarbeit fortlaufend offen orientiert wird.

Häufige Nebenwirkungen sind:

- Kopfschmerzen;
- Gewichtszunahme, manchmal auch Appetitverlust;
- Akkomodationsstörungen (Probleme, auf kurze Distanzen scharf zu sehen) und Mundtrockenheit bei älteren, Übelkeitsgefühle bei neu-

eren Antidepressiva. (Nebenwirkungen, die häufig nach 2–3 Wochen verschwinden);
- Libido-Abnahme, was zeitweise quälend, zeitweise aber auch als Entlastung wahrgenommen wird;
- Müdigkeit und Schläfrigkeit, die häufig nach 2–3 Wochen zurückgehen und in der Medikamenteneinstellungsphase immer zur Fahruntauglichkeit führen. Nach der Einstellung muss die Fahrtauglichkeit vom Arzt oder der Ärztin neu beurteilt werden. Patient/innen unter Benzodiazepinen sind nach deren Einnahme für den entsprechenden Tag nicht mehr fahrtauglich.

Oftmals leiden Menschen mit Depressionen auch unter körperlichen Begleiterkrankungen. Wechselwirkungen mit anderen Medikamenten, wie z. B. Blutdrucksenkern, Blutverdünnern, Kontrazeptiva oder Antibiotika müssen sorgfältig mitberücksichtigt werden.

4 Störungstheorien

4.1 C. G. Jungs Verständnis der Depression

C. G. Jung hat sich mit dem Thema der Depression an verschiedenen Stellen seines Werkes befasst, Wenn wir von Jungs Komplextheorie und Archetypenlehre ausgehen, so ist der Kern der Depression eine Individuationsstörung (auch Werdensstörung genannt). Berühmt ist sein ihm zugeschriebenes Zitat »Die Depression ist gleich einer Dame in Schwarz. Tritt sie auf, so weise sie nicht weg, sondern bitte sie als Gast zu Tisch und höre, was sie zu sagen hat.« (Hell, 1992, S. 5) Dahinter steht Jungs Auffassung, dass sich in den depressiven Symptomen ein Sinn verbirgt, dass zur kausalen Sichtweise ebenso eine finale gehört. Noch genauer erläutert er es in folgendem Zitat:

> »Der Mensch ist nur halb verstanden, wenn man weiß, woraus alles bei ihm entstanden ist.... Denn das Leben hat nicht nur ein Gestern, und es ist nicht erklärt, wenn das Heute auf das Gestern reduziert wird. Das Leben hat auch ein Morgen, und das Heute ist nur dann verstanden, wenn wir zu unserer Kenntnis dessen, was gestern war, noch die Ansätze des Morgen zufügen können. Das gilt von allen psychologischen Lebensäußerungen, selbst von den krankhaften Symptomen.« (Jung, 1917, §67)

Die Frage nach dem final-prospektiven Aspekt bedeutet, bei der Depression zu fragen: Was kann nicht, aber sollte gelebt werden, was muss zurückgehalten werden? Psychoanalytiker/innen in der Tradition von Freud sprechen vom Objektverlust als zentrale Ursache der Depression. Jung hingegen sieht die Ursache in unbewussten Lebensentwürfen, die nicht verwirklicht werden können; etwas blockiert die Individuation bzw. die Seele. Das Bewusstsein entwickelt sich einseitig, dadurch wird das Ich leer, entleert, depressiv. Kleespies formuliert, dass sich unsere Identität in etwas gründen will:

> »Von hier aus ist es dann zu verstehen, warum viele Depressive über die Sinnlosigkeit ihrer Existenz klagen, ja, sich auf dem Höhepunkt ihrer Depression völlig haltlos und entwurzelt fühlen. Nach Jungs Krankheitsverständnis liegt die ›Werdensstörung‹ darin, dass für die anstehenden Aufgaben des Lebens die erforderliche Anpassungsleistung nicht erbracht werden kann mit den Folgen einer neurotischen Störung, etwa einer Depression.« (Kleespies, 2009, S. 18)

In »Symbole der Wandlung« (1912) nennt Jung als Beispiel die Gefahr für den Jugendlichen zurück in die Arme der Mutter schlüpfen zu wollen, anstatt sich mit den Schwierigkeiten des Lebens und seinem eigenen Lebensweg auseinanderzusetzen. Er nennt den Kampf gegen die Regressionslust den Heldenweg oder den Heldenkampf. Der Jugendliche muss gegen die inneren Dämonen der Triebe und Wünsche, z. B. Verwöhnung ankämpfen (Meier, 2021b). In seinem Buch »Zwei Schriften über Analytische Psychologie« (1917) beschreibt er außerdem die einseitige Entwicklung eines 45-Jährigen, der seine Energie auf die Berufswelt fokussierte und sich schließlich zur Ruhe setzen wollte, um sich den Pferden, dem Sport, Frauen und Autos zu widmen. Er wurde aber depressiv und hypochondrisch. Jung konstatiert, dass die Heilung darin bestand, seine extravertierte Haltung zugunsten einer verstärkt introvertierten aufzugeben und die Gefühlswelt zu entwickeln.

Je nach Phase des Lebens können unterschiedliche Individuationsthemen bzw. Anpassungsschwierigkeiten auftauchen. Unter Anpassung verstand C. G. Jung einerseits die Meisterung der äußeren Erfordernisse des Lebens (Beruf, Familie und Gesellschaft) und andererseits die Meisterung der inneren Anforderungen des Selbst (Jung, 1926, §172). Mit Selbst wird die sich selbst regulierende Einheit (Selbstregulation) und polar-paradoxe Ganzheit des individuellen, menschlichen Organismus in seiner Beziehung zur Umwelt gemeint. Das Selbst organisiert und strukturiert unbewusst in der Auffassung der Analytischen Psychologie die Entwicklungsprozesse, die in ihm potenziell angelegt sind, das Ich-Bewusstsein ist dabei der bewusste Aspekt des Selbst (Müller & Müller, 2003). Das Selbst umfasst in der Analytischen Psychologie alle bewussten und unbewussten Aspekte unseres geistigen, emotionalen und körperlichen Erlebens (Braun, 2016).

C. G. Jung hinterließ uns einige praktische Hinweise im Umgang mit der Depression. In seinem Aufsatz über die transzendente Funktion (1916) schreibt er, die Energie sei beim Depressiven an der falschen Stelle, nämlich im Unbewussten. Um an sie heranzukommen, empfahl er, sich (als Patient/in) rückhaltlos auf den depressiven Affekt einzustellen, die aufkommenden Assoziationen und Fantasien sorgfältig zu notieren und sich damit auseinander zu setzen. Durch die bewusste Hinwendung zum Unbewussten komme es zu einer Verdichtung des Affekts und der tieferen damit assoziierten Motive der Verursachung (der Depression), die sich so dem Bewusstsein annähern können, etwa über sich einstellende Träume oder in Form aktiv gestalteter Imaginationen. Traum und Imagination stellen in diesem Zusammenhang spontane Amplifikationen der zugrunde liegenden Konflikte dar und fördern die Introversion des Patienten.

Unter Amplifikation verstand er das Vorgehen, mit dem in der Praxis der Traum- oder ein anderer symbolischer Inhalt mit ähnlichen oder gleichen Symbolen in verschiedenen Kulturen, Mythologien, religiösen Traditionen und spirituellen Glaubenssystemen verglichen wird. Durch Amplifikation wird der Trauminhalt angereichert. Neben der Methode der Amplifikation wird nach den Assoziationen des Träumenden gefragt, die näher am persönlichen Unbewussten liegen und wenig oder viel mit dem kulturellen Unbewussten zu tun haben können.

In heutiger Zeit wird das Depressionsverständnis von Jung ausgeweitet. Interdisziplinäre Sichtweisen von Jungianer/innen kommen hinzu, wie etwa das bio-psycho-soziale-spirituelle Krankheitsmodell.

4.2 Das bio-psycho-sozial-spirituelle Krankheitsmodell

Das bio-psycho-soziale Krankheitsmodell stammt ursprünglich aus der medizinischen Psychosomatik und beschreibt das Krankheitsgeschehen systemisch als zirkuläre Interaktionen verschiedener Faktoren und Ge-

4.2 Das bio-psycho-sozial-spirituelle Krankheitsmodell

biete. Es löste die klassische Ursachenforschung psychischer Ursachen internistischer Krankheiten ab (von Uexküll et al, 1996). Thure von Uexküll, ein internistischer Psychoanalytiker und Urvater der Psychosomatik im deutschsprachigen Raum postulierte bereits früh, es brauche eine Psychosomatik der Psychiatrie (von Uexküll et al., 1996). Heinz Böker brachte die biologische mit der psychodynamischen Psychiatrie zusammen (Böker, 2017a) und Eckhard Frick fügte dem medizinischen Modell die spirituelle Dimension hinzu (Frick, 1996). Wenn wir das psychiatrische mit dem bio-psycho-sozial-spirituellen Krankheitsmodell verbinden, sieht das folgendermaßen aus (▶ Abb. 4.1). Je nach Vulnerabilität des Menschen, seinen Stressfaktoren und Bewältigungsmechanismen (Copingmechanismen) entsteht eine psychiatrische Störung oder nicht.

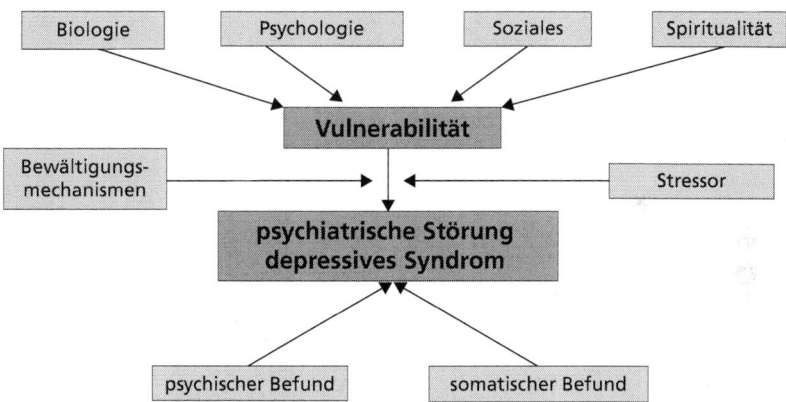

Abb. 4.1: Verbindung des psychiatrischen mit dem bio-psycho-sozial-spirituellen Krankheitsmodell (adaptiert aus Roth, 2018)

Dieses Krankheitsmodell wird heute von vielen Psychotherapieschulen angewendet. Sobald Krankheiten und psychische Störungen mit psychologischen Methoden behandelt werden, drängt es sich auf. Das Modell geht von einer ganzheitlichen Sichtweise von Krankheiten aus, d. h. diese haben biologische, psychische (oder besser psychodynamische), soziale (oder besser psychosoziale) und spirituelle Hintergründe. Diese Faktoren stehen in einer ständigen Wechselwirkung miteinander. Basis dieses Modells ist der Gedanke, dass alle Menschen biologische Gehirnstrukturen, eine psychodynamische Entwicklung, sowie einen sozialen und spirituellen Hintergrund haben; dies macht uns zu unverwechselbaren Individuen. Sie lassen einen Menschen vulnerabel werden und je nach Stärke eines Stressereignisses bzw. Schwäche seiner Bewältigungsmechanismen (Copingstrategien) krank.

Auch wenn sich die meisten analytischen Psychotherapeut/innen vor allem für die Psychodynamik interessieren, ist nicht unwichtig, was die *biologischen Faktoren* ergeben. Die biologische Psychiatrie erforscht, welche Rolle biologische Faktoren auf die Patient/innen haben, ob es sich um die Erforschung der Wirkung der Antidepressiva oder um diejenige der Lichttherapie und der Nahrungsmittelzusätze handelt oder um die Wirkung der modernen Elektrokrampftherapie, die spezifischer geworden und bei schwersten Depressionen offensichtlich häufig Erfolge verbucht (Himmighofen & Böker, 2020).

Der organische Befund einer Hypothyreose (Unterfunktion der Schilddrüse) kann eine Depression auslösen, ebenso eine Herzinsuffizienz, ein Vitamin B12-, D3-Mangel oder ein Eisenmangel etc. Neurologische Erkrankungen wie Morbus Parkinson, eine multiple Sklerose oder diskrete hirnorganische Veränderungen, die meist nur in funktionellen MRT (Magnetresonanztomographie) gefunden werden, können ebenfalls zu depressiven Störungen führen. Denn es gibt nicht nur psychosomatische, sondern auch somatopsychische Regelkreise: Eine organische Schwäche wird von einem psychischen Stressor getroffen und ein zirkulärer Prozess beginnt. Oder eine organische Schwäche ist bereits ein Stressor, letztlich wahrscheinlich im Sinne einer narzisstischen Kränkung, und die Schwäche (Stressor) verstärkt die organische Schwäche

> *Eine Patientin kommt wegen diffusen und agitierten Angstzuständen in die Therapie (Therapeut: GR). Die Anamnese ergibt, dass man aufgrund eines Karzinoms eine Brust hatte amputieren müssen. Da solche Karzinome Hirnmetastasen verursachen können, verordnen die Onkologin und der behandelnde Psychiater ein MRI des Gehirns. Es finden sich multiple Metastasen, die das psychopathologische Bild der Ängste erklären, die indes mit einer Psychotherapie schlecht zu behandeln, sondern Teil einer organischen Störung sind.*

4.2 Das bio-psycho-sozial-spirituelle Krankheitsmodell

Es gibt weitere internistische und neurologische Krankheiten, die Depressionen auslösen können, aber diese Patient/innen werden sich kaum je in eine Psychotherapie begeben, außer ihre Depression ist weniger Teil einer psychiatrischen Störung, sondern viel mehr eine Reaktion auf ihr Leiden, wenn es sich um eine narzisstische Kränkung oder um eine Angstentwicklung aufgrund des medizinischen Leidens handelt.

Aber warum denn biologische Depressionsforschung studieren, wenn wir ausschließlich Patienten behandeln, die »nur« psychopathologische Symptome zeigen? Wir wissen heute um die Plastizität des Gehirns. Das Gehirn verändert sich immer wieder, speziell unter Psychotherapie. Auch über die Genetik wissen wir heute mehr. Wir sind nicht ein- für allemal so, wie wir nun einmal sind. Einiges in unserem Gehirn ist durch Umwelteinflüsse entstanden und kann sich unter gewissen Umständen, z. B. mit Psychotherapie, wieder verändern. Einiges ist also veränderbar und wieder anderes gar nicht oder zumindest nicht in die Richtung, in welche es der depressive Mensch und seine Angehörigen wünschen oder der depressive Mensch findet einen Weg, sich mit seinen Möglichkeiten zu versöhnen. Gemäß dem Paradoxon, je mehr akzeptiert werden kann, wie er ist, desto eher kann sich etwas verändern.

Die *sozialen Faktoren* sind ebenfalls entscheidend. Jeder Mensch ist durch das Milieu geprägt, in dem er aufgewachsen ist, durch Familie, Schulen, Berufsausbildung usw. Das beeinflusst Bewusstsein und Sprache, je nach soziokulturellen Umständen stellt es sich anders dar. Der Soziostatus ist wiederum mit der Ökonomie verknüpft, mit der finanziellen Schichtzugehörigkeit des depressiven Menschen. Und nicht nur er: Als kassenpflichtig arbeitende Therapeut/innen arbeiten wir innerhalb eines gesellschaftlichen Systems, unsere Arbeit wird zu einem großen Teil von Kollektivversicherungen finanziert. Wir stehen zwar primär im Dienst des Patienten oder der Patientin, aber vertreten ebenso einen gesunden Narzissmus und ein ökonomisches Interesse. Ein Bewusstsein, in welcher Schicht und Kultur ein depressiver Mensch sozial steht, wie sein Bildungsstand aussieht, ob er ein soziales Umfeld hat, ob er arbeitslos ist, ob er auf dem Land oder in der Stadt lebt, wie seine täglichen Belastungen sind und welche realistischen Möglichkeiten der Veränderung es gibt, kann uns helfen, die Ursachen der Depressionen besser zu bestimmen. Diese sozialen Hintergründe beeinflussen Stimmungen und allfällige Depressionen unserer Patienten.

> *Ein junger Mann kommt mit einer depressiven Verstimmung, Schlaf- und Konzentrationsstörungen und einer deutlichen Apathie im Sinne eines Burn-outs in die Therapie (Therapeut: GR). In Zusammenarbeit mit der Case-Managerin der zuständigen Taggeldversicherung (Versicherung bez. Lohnfortzahlung im Krankheitsfall) lässt sich herausschälen, dass sich der Patient im bestehenden Team unwohl fühlt und überfordert ist. Die Case-Managerin findet eine neue Einsatzmöglichkeit, und der Patient wird dort mit steigender Belastung eingesetzt. Die Therapie kann nach begleitenden Gesprächen erfolgreich abgeschlossen werden.*

Mit dem *spirituellen Faktor* ist gemäß Jung gemeint, dass es eine weitere Macht gibt, die mit einen Einfluss hat auf unsere Befindlichkeit, auf unsere Vulnerabilität und damit auf allfällige Störungen. Jung verstand darunter ein Gottesbild als vereinigendes und transzendentes Symbol, das heterogene psychische Fragmente oder polarisierende Gegensätze vereinigen kann (Samuels, Shorter & Plaut, 1991). Er sieht dieses Gottesbild nicht als außenstehende Macht, sondern lokalisiert es in unserer Psyche als »göttlichen« Kern der Psyche, dem sogenannten »Selbst«, das entwicklungsanstoßend und sinnstiftend wirkt und einen Bezug zur Transzendenz hat.

Die modernen Spiritualitätsdiskussionen nähern sich einem solchen Verständnis an. Spiritualität wird heute neben traditionellen, religiösen und spirituellen Definitionen als ein offenes Konzept verstanden, das definitorisch mehrdeutig ist, was sowohl ein Manko als auch eine Stärke ist (Roser, 2017). Michael Wright, Senior Research Fellow an der Universität Lancester, verortet Spiritualität in einem Bereich, den er »spirituelle Domäne« nennt und der die persönlichkeitszentrierte Entwicklung und das Wachstum (*becoming*), ein damit verbundenes Leben in einer Gemeinschaft, Kultur und Beziehungen (*connecting*), das Finden von Sinn in Situationen der Verletzlichkeit (*finding meaning*) und das Bezogensein auf Transzendenz (*transcending*) mitberücksichtigt. »Dieses Modell (der spirituellen Domäne, IM) erkennt den bedeutenden Platz an, den die Religion und die Dimensionen ›Selbst‹, ›Andere‹ und ›Kosmos‹ einnehmen.

4.2 Das bio-psycho-sozial-spirituelle Krankheitsmodell

Es berücksichtigt die großen Fragen von Leben und Tod und die spirituellen Aktivitäten des Werdens, der Verbindung, der Sinnfindung und der Transzendenz.« (Wright, 2004, S. 75, übers. IM)

Wenn wir nun davon ausgehen, dass die analytische Arbeit zur fortlaufenden Individuation (Wright: *becoming*) und zum Selbst über Sinnfindung (Wright: *finding meaning*) führt, so ist das eine Möglichkeit, die positiven Kräfte der Spiritualität fruchtbar zu machen und im Kontakt mit den inneren, destruktiven Kräften Verantwortung zu übernehmen. Dies ist auch außerhalb einer Therapie möglich, wie Jung in einem Brief an C. Wilson (Jung, 30.01.1961) schrieb, in dem es um Roland H. ging, ein Mitbegründer der Anonymen Alkoholiker (AA). Roland H. war bei Jung erfolglos in Therapie gewesen und wurde erst in der AA trocken. Die Anonymen Alkoholiker vertreten die Ansicht, dass sie immer süchtig bleiben und dass sie nur abstinent leben können, wenn sie einer höheren Macht vertrauen. Jung unterstützte diese Haltung und schrieb im erwähnten Brief: »Ein Mensch, der nicht von höheren Kräften beschützt und in der Gesellschaft vereinsamt ist, kann normalerweise der Macht des Bösen (den destruktiven Kräften, IM) nicht widerstehen«. Er prägte darin das Schlagwort »con spiritu contra spiritum«, was übersetzt so viel heißt wie: mit transzendentem Vertrauen in eine höhere Macht gegen das schädliche Gift antreten (Wright: *transzending*).

Es ist immer wieder erstaunlich, wie eine Schicksalsgemeinschaft einen Menschen stabilisieren kann. Solche Menschen fühlen sich in der Gruppe durch den Zusammenhalt getragen (Wright: *connecting*). Das kann eine Selbsthilfegruppe sein, wie das »Equilibrium« in der Schweiz für depressive Menschen oder etwas ähnliches.

Da der spirituelle Aspekt vielfältige Ausprägungen hat, vertreten Jungianer/innen unterschiedliche Haltungen dazu. So definiert unsere Kollegin Liz Brodersen Spiritualität als das Suchen nach einer tief verbundenen Zugehörigkeit: »Depressive Menschen haben oft das Gefühl der Zugehörigkeit zu einer größeren Gemeinschaft als ›Zuhause‹ verloren. Es kann sein, dass eine depressive Person großes Heimweh hat, aber aufgrund von Krieg, erzwungenen Grenzveränderungen oder Naturkatastrophen nicht zurückkehren kann. Sie leiden an langanhaltender, ungelöster Trauer, die mit Identitätsverlust und Gefühlen der Nicht-Zugehörigkeit verbunden sind. Solche Leidenden hilft manchmal die

Traumarbeit, in denen sie sich mit den Vorfahren und dem Stamm verbinden können und manchmal ist die Lösung der Depression, eine neue spirituelle Gemeinschaft zu finden.« (Elisabeth Brodersen, persönliche Mitteilung, 2021).

Petra von Bechtolsheim, eine andere jungianische Kollegin, formuliert Spiritualität so: »Analytische Psychologie hat das Ziel, den Menschen in seiner ureigenen Relationalität von Selbst und Welt zu bestätigen und zu behandeln. Letztes Ziel ist die Ganzwerdung der Persönlichkeit durch die Integration kollektiver wie individueller Inhalte, sodass das Leben zunehmend sinnvoller werden kann. So verstehen wir Spiritualität als die Frage nach dem Sinn im Kleinen wie dem Großen, im Persönlichen wie im Kollektiven.« (Petra von Bechtolsheim, persönliche Mitteilung, 2021).

Zusammengefasst erweitert das bio-psycho-sozial-spirituelle Krankheitsmodell das psychiatrische Krankheitsmodell um biologische, soziale, psychische und spirituelle Faktoren. Je nach äußeren oder inneren Stressfaktoren und Bewältigungsmechanismen und je nach Vulnerabilität des Menschen können sie eine psychiatrische Störung auslösen.

Bis jetzt haben wir die *psychischen Faktoren* außer Acht gelassen. Sie spielen in der psychodynamischen Betrachtungsweise die wichtigste Rolle.

4.3 Jungianische Psychodynamik der Depression

In der Folge soll der Versuch unternommen werden, das psychiatrische und bio-psycho-sozial-spirituelle Krankheitsmodell mit den Grundbegriffen der jungianischen Psychodynamik zu verbinden. Dazu haben wir untenstehendes Schema entwickelt (▶ Abb. 4.2). Wir setzen dabei das Wissen um die jungianischen Begriffe des »Selbst«, der »Typologie« oder der »Selbstregulation« usw. als bekannt voraus und vertiefen diese nur hinsichtlich der depressiven Störung. Typologie und Selbstregulationskräfte wirken auf neben der Entwicklungspsychologie auf die Komplexe ein.

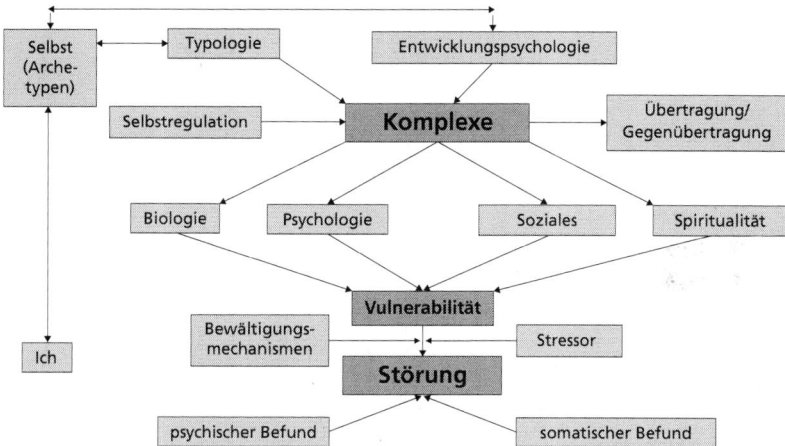

Abb. 4.2: Verbindung des psychiatrischen und bio-psycho-sozial-spirituellen Krankheitsmodells mit der jungianischen Psychologie (adaptiert aus Roth, 2018)

4.3.1 Typologie und Depression

Wir erwähnen in obiger Abbildung die Typologie. Wie hängt sie mit der Depression zusammen? Jung versuchte in seinem Typologieansatz (Jung, 1921) verschiedene Typen zu formulieren, wie Menschen im Alltag funktionieren. Dies ist für die klinische Arbeit von großer Bedeutung, denn bei der Exploration haben wir manchmal Befunde, die keiner klinischen Diagnose zugeordnet werden können, viel eher jedoch der Typologie eines Menschen. Der Typologie-Ansatz hilft uns, Menschen nicht voreilig zu pathologisieren, resp. zu erkennen, was bei einem depressiven Menschen krank ist und was seine Typologie ist.

Jung unterschied zwei typologische Einstellungen: den extravertierten Menschen, der sich vor allem durch die Umwelt anregen lässt und den introvertierten, der von der inneren Welt angeregt wird. Er beschrieb außerdem vier Funktionstypen: den Denktyp und den Fühltyp als rationale

Typen sowie den Empfindungstyp und den Intuitionstyp als irrationale Typen. Beim Denken werden die Dinge mit rationalen, meist logischen Prozessen erfasst. Fühlen hat nichts zu tun mit Affekten und Gefühlen, sondern meint, gegenüber einem Sachverhalt einen wertenden Standpunkt oder eine wertende Perspektive einzunehmen. Empfindung vermittelt die Wahrnehmung all jener Gegebenheiten, die über die Sinne erfahrbar sind und teilt uns so mit, dass etwas ist, nicht aber, was es ist. Intuition ist die Fähigkeit zu ahnen, wohin sich eine Sache entwickelt.

Jeder Mensch hat die Möglichkeit, beide Einstellungen sowie alle vier Funktionen zu leben, aber meistens ist sich das Individuum einer Einstellung bewusst, während die andere unbewusst oder wenig entwickelt ist. Dasselbe gilt für die vier Funktionen: Eine Funktion ist die Hauptfunktion, während die anderen unbewusster oder weniger entwickelt sind, aber Motor von Entwicklung werden können. Für nähere Informationen möchten wir auf das Buch von Monika Rafalski (2018) verweisen, dass die Typologie aus jungianischer Sicht genauer erläutert.

Wichtig in unserem Zusammenhang ist die Typologie von depressiven Menschen. Der Jungianer Klaus-Uwe Adam erklärt, dass bei ihnen eine negative Denkfunktion vorherrsche, das Denken sei von kritischen Bemerkungen geprägt (innerer Kritiker) (Adam, 2003). Der depressive Mensch werde sich selbst gegenüber destruktiv. Gefühle und Intuition, die dem Denken Farbe verleihen sollten, gefährden das Funktionieren im Alltag, der/die Klient/in haben Angst, von Gefühlen oder unbewussten Inhalten überschwemmt zu werden. Fantasien, was das Leben sonst noch bringen könnte, können zwar vorhanden sein, eine Verbindung mit einer planenden Fantasie sei aber nicht möglich oder dann fehlen solche Fantasien völlig. Hier ist die Arbeit an Gefühlen, an Wahrnehmung und Intuition so wichtig, damit die vier Funktionen wieder ins Gleichgewicht kommen.

Extravertierte Menschen können durch die Erziehung in eine introvertierte Richtung getrieben werden oder umgekehrt, was ihnen aber nicht entspricht und sie depressiv werden lässt. Deshalb ist das Thema der adäquaten Typologie so wichtig, damit nicht eine falsche Einstellung gelebt werden muss, die krank macht.

4.3.2 Selbstregulation

Jung ging davon aus, dass Menschen über eine Selbstregulationsfähigkeit verfügen. Dem Austausch zwischen Bewusstsein und Unbewussten im Sinne der Kompensationsregulation wird eine wichtige Rolle eingeräumt. Erhält das Bewusstsein zu wenig Energie, verarmt es und die Energie sammelt sich im Unbewussten an. »Die das bewusste Ich kompensierenden unbewussten Vorgänge enthalten alle jene Elemente, die zur Selbstregulierung der Gesamtpsyche nötig sind.« (Jung, 1934a, §275) Träume können in diesem Sinne als selbstregulierende Funktion des Menschen angesehen werden, da sie dem Träumenden Hinweise geben, was unbewusst auch noch da ist und vom Bewusstsein ausgeblendet und nicht gesehen wird. Ebenso können Krankheiten als Regulationsimpulse betrachtet werden, die manchmal erst im Nachhinein verstanden werden können. Die Frage ist die bei einer finalen Sichtweise: Wozu dient die depressive Störung, welche Bedeutung, hat sie für mich (final-prospektiver Aspekt?

4.3.3 Komplexe der depressiven Menschen

Die Analytische Psychologie ist eine Komplexpsychologie. Dabei wird davon ausgegangen, dass die Ursache einer Störung oder einer Symptomatik in der Kindheit oder Jugend liegt. Komplexe wurden in dieser Zeit vom Bewusstsein abgespalten. Diese irritieren oder beherrschen gar die Persönlichkeit in der Gegenwart. Diese Komplexe sind jungianisch gesprochen *persönliche* Komplexe, die in Kindheit und Jugend entstanden und mit der persönlichen Biographie des Einzelnen zu tun haben. Kollektive Komplexe (Archetypen) stammen indes aus dem *kollektiven* Unbewussten.

Bevor wir vertiefter auf die Komplexe bzw. den psychischen Aspekt eingehen, möchten wir darauf hinweisen, dass sich Komplexe und die biologischen, sozialen wie spirituellen Aspekte gegenseitig beeinflussen. So können etwa negative Mutter- oder Vaterkomplexe mit übermäßigem Leistungsdruck biologisch zu Hypertonie, sozial zu einem Burnout führen oder der Zugang zur Spiritualität ist über komplexhaft erlebte

Sonntagsschulen verbaut. Je nach Typologie und Selbstregulationsfähigkeiten des Menschen kann eine depressive Symptomatik ausbrechen oder nicht. Die Zusammenhänge sind vielfältig, wir sollten diese Komplexität im Hinterkopf bewahren, wenden uns nun den Komplexen zu.

Jung sprach von peinlichen und unlustvollen Inhalten des Komplexes, die der Einzelne lieber verdrängt, weil sie ihn beschämen (Jung, 1934c). Als Ursache erwähnte Jung frühe traumatische Ereignisse: »Komplexe sind psychische Fragmente, die ihre Abspaltung traumatischen Einflüssen oder gewissen inkompatiblen Tendenzen verdanken« (Jung, 1936, §253). Er beobachtete bestimmte strukturelle und emotionale Familienatmosphären in der Frühkindheit, die Komplexe mit starken Gefühlen hervorrufen konnten (Jung, 1928). Verena Kast hat schön auf die daraus entstehenden Komplexepisoden mit generalisierten Beziehungserfahrungen hingewiesen (Kast, 2014, 2019). Komplexepisoden sind Ausdruck von schwierigen dysfunktionalen Beziehungserfahrungen, generiert vor allem in der frühen Kindheit, emotional verbunden mit dem emotionalen Erbe der Eltern und ihrer Geschichte. Diese werden in späteren Situationen immer wieder konstelliert oder reinszeniert, in Situationen, die der Ursprungssituation gleichen, aber auch in Imaginationen und in der therapeutischen Beziehung.

> *Georg kommt in die Therapie, weil er immer wieder an depressiven Verstimmungen, Rückzugstendenzen und an Wutausbrüchen leidet, die er nicht versteht und auch nicht kontrollieren kann. Bereits alskleiner Bub fühlte er sich nicht verstanden, weil sich seine Eltern einen anderen Sohn gewünscht hätten, einen, der ihre Ansprüche erfüllt hätte. Er erlebte seine Eltern ihm gegenüber als herablassend, kritisierend, sogar verachtend, er schämte sich für sein aufbrausendes Verhalten und konnte es dennoch nicht ändern. Die zentrale Komplexepisode »Ich bin nicht recht, ich sollte anders sein« konstelliert sich oft im gegenwärtigen Alltag: Es genügt, wenn jemand Georg fragend anschaut oder etwas herablassend behandelt, worauf er reflexhaft unverhältnismäßig wütend wird. Dieses Verhalten ist ihm nur teilweise bewusst, geschweige, dass er es steuern kann. Es belastet die Beziehungen an seiner Arbeitsstelle, die Beziehung zu Frau und Kindern, und konstelliert sich auch in der Psychotherapie (Kast, 2014). Solche Komplexepisoden treffen wir bei unseren Klient/innen immer wieder an.*

Die Komplexepisode spaltet sich bei Kast (2014) in einen Kindpol (Identifikation mit dem Opfer) und einen Erwachsenenpol (Identifikation mit dem Täter oder Aggressor) auf. Bei einem autoritären Vater kann ein Kind Angst und Schwächegefühle entwickeln, die es als Erwachsener möglicherweise auf den Chef projiziert (Kindpol). Umgekehrt erleben andere den gleichen Menschen manchmal als autoritär, ohne dass er dies vielleicht sein möchte oder es überhaupt wüsste (Täterpol). Sich über diese Identifikation bewusst zu werden und dafür Verantwortung zu übernehmen, ist schwierig, aber eine notwendige Voraussetzung dafür, dass sich komplexhaftes Verhalten und damit auch die Komplexe verändern können.

Die Komplexe, von Jung auch Teilpersönlichkeiten genannt (Jung, 1934c) bringen die Persönlichkeit dazu, eine verzerrte Wahrnehmung zu haben und in andere Personen etwas hineinzuprojizieren oder etwas zu konstellieren, was mit der gegenwärtigen Realität wenig zu tun hat. Eine Folge davon kann sein, dass der Mensch an psychischen Störungen zu leiden beginnt. So leidet beim Minderwertigkeitskomplex der Betroffene an einem schlechten Selbstwertgefühl und projiziert auf andere ideale Eigenschaften. Andere sind schöner, klüger oder erfolgreicher als er selbst, sodass er sich minderwertig vorkommt. Der Komplex hat überhandgenommen und depressive Gefühle setzen ein.

Allgemein besteht ein gefühlsbetonter Komplex aus unbewussten Repräsentationen, »die sich um einen starken Affekt gruppieren. Gefühlsbetonte Komplexe entstehen, wenn Grundbedürfnisse nicht erfüllt werden. Die Repräsentationen betreffen Emotionen, Körperempfindungen, Gedanken, Erinnerungen an verinnerlichte Interaktionen (von Subjekt und Objekt), symbolische Bilder (z. B. Träume) und Bewältigungsstrategien.« (Meier, 2019, S. 372) Der Komplex kann durch eine Wahrnehmung ausgelöst werden und führt zu einer Störung der Ich-Funktionen (im Sinne von Wahrnehmungsverzerrungen). Er verfolgt ein Ziel über Konstellationen, Projektionen oder Identifikationen.

Meier (2019) geht davon aus, dass persönliche Komplexe entstehen, wenn Grundbedürfnisse in Kindheit oder Jugend nicht adäquat befriedigt wurden, so stellt sich die Frage, welche es bei depressiven Menschen sind. Wir vermuten, die Grundbedürfnisse der Bindung und der Selbstwertstärkung wurden bei depressiven Menschen nicht adäquat erfüllt. Konkret musste ein Kind z. B. Tod, Trennung oder Krankheit erfahren oder wurde in zu starker Abhängigkeit gehalten (Bindungsbedürfnis) bzw. erlebte zu wenig Anerkennung und Wertschätzung (Selbstwertbedürfnis), was bedeutet, dass beim Einzelnen »Wunden« bzgl. dieser Bedürfnisse entstanden sind (auch ein Zuviel an Bindung kann »Wunden« verursachen). Der Erwachsene reagiert auf diese »Wunden« komplexhaft und reflexhaft mit bestimmter eingeengter Wahrnehmung, übertriebenen Emotionen und Gedanken sowie reduzierten Verhaltensweisen. Manchmal tangiert das Komplexerleben selbst Sprachduktus und Körperhaltung. Später im Leben kann ein fehlendes Sinnbedürfnis auftauchen, was zu Lebensphasen-Problemen führen kann, die depressiv verarbeitet werden.

Ein Junge wächst in einem Klima von Kritik und Beurteilungen auf; die Mutter schimpft aufgrund eines sie überfordernden Berufes ständig mit ihm, während der Vater nur in Erscheinung tritt, wenn es um gute Noten in der Schule geht (Therapeutin: IM). Dadurch wird das Selbstwertbedürfnis des Kindes zu wenig befriedigt. Der Junge entwickelt Ängste, wenn er dem Vater eine schlechte Note beichten muss und flüchtet oft nach draußen, um der Mutter auszuweichen. Als Erwachsener reagiert er auf die kleinste Kritik gekränkt, sein Bewusstsein und seine Wahrnehmung nehmen teilweise die Realität nur verzerrt wahr (Projektionen). Er vermutet schnell Kritik von den anderen, weil Erinnerungen von früher die Gegenwart überlagern und reagiert deshalb ängstlich und unsicher auf andere. Bis weit ins Erwachsenenleben hinein stottert er, wenn er angesprochen wird, was zusammen mit seiner Unsicherheit dazu führt, dass er Konflikte scheut, anstatt sich damit auseinanderzusetzen.

In der Analytischen Psychologie können verschiedene Komplexe von depressiven Menschen auftreten. Zu erwähnen sind hier der negative Mutterkomplex, der negative Vaterkomplex, der Minderwertigkeitskomplex, Selbstwertkomplex, Autoritätskomplex, der narzisstische Depressionskomplex etc. Verena Kast hat in mehreren ihrer Bücher die Komplextheorie genauer erläutert, z. B. Kast, 1994. Mit Kast möchten wir ferner betonen, dass Komplexe zwar »...die krisenanfälligen Stellen im Individuum (bezeichnen). Als Energiezentren sind sie aber aktiv, was in der

Emotion zum Ausdruck kommt und zu einem großen Teil das psychische Leben ausmacht. In den Komplexen ist vieles enthalten, was das Individuum in seiner persönlichen Weiterentwicklung hindert, in ihnen liegen aber auch die Keime neuer Lebensmöglichkeiten.« (Kast,1990, S.44). Damit wird wiederum der final-prospektive Aspekt einer Störung betont.

Die depressiven Komplexe hindern den Menschen an der Weiterentwicklung. Verursacht werden sie konkret aufgrund fehlender Grundbedürfnisse der Bindung, des Selbstwertes und des Sinnes. Es entstehen:

- *Bindungsstörungen* (psychoanalytisch: Individuation- versus Abhängigkeitskonflikt): Statt sich autonom zu entwickeln, sucht diese Person Abhängigkeit in Beziehungen, große Nähe und Symbiose oder unterdrückt Bindungswünsche und ist forciert distanziert. Der depressive Mensch hat Angst vor dem Verlust der Liebe, Angst vor Trennungen, der passive Modus überwiegt. Auch Kleespies erwähnt, dass depressive Menschen trennungsüberempfindlich reagieren, was eine Abhängigkeitsproblematik ergäbe (Kleespies, 1998). Auch kindlich-regressive Erwartungen von Versorgung und Geborgenheit führen zu starker Abhängigkeit (psychoanalytisch: Versorgungs- versus Autarkiekonflikt.. Dadurch wird der Mensch klammernd, passiv und ist oft enttäuscht vom Gegenüber. Im Gegenpol versorgt und umhegt der depressive Mensch andere, ohne auf seine Energie zu achten, er stellt sich als anspruchslos dar, der keine Hilfe braucht.
- *Selbstwertstörungen* (psychoanalytisch: Selbstwertkonflikt): Es bestehen Selbstwertprobleme, die in einem Extrem als Minderwertigkeit erlebt werden, während andere aufgewertet oder idealisiert werden. Im anderen Extrem werden kompensatorische Anstrengungen erbracht, die das Selbstbild bis hin zu Größenwahn stützen, während andere abgewertet werden. Die narzisstische Depression mit ihrem komplexhaften Reagieren auf Kränkungen kann eine Folge des Mangels an befriedigenden Selbstwerterfahrungen sein. Der depressive Mensch sieht sich innerlich mit einem Ich-Ideal konfrontiert, dem er nicht genügen kann. Mitgefühl mit sich selbst ist kaum vorhanden, nur hohe Anforderungen an sich.
- *Innere Kritikerfiguren* (psychoanalytisch: Über-Ich- und Schuldkonflikte): Depressive Menschen leiden teilweise an starken Schuld- oder

Schamgefühlen oder sehen die Schuld nur bei anderen Menschen. Sie werden kritisch sich selber oder anderen gegenüber (die innere Kritikerfigur tritt sowohl bei Bindungs- wie Selbstwertstörungen auf). Ein Beispiel: *Ein kritischer Vater gab dem Sohn nie das Gefühl, dass er eine Daseinsberechtigung hatte und dass er okay war. Oder eine Mutter war durch eine große Kinderschar überfordert und nahm die Tochter nie wirklich wahr oder ein fordernder Großvater tyrannisierte die ganze Familie, sodass sich selbst die Enkel nicht entfalten konnten. Diese Erfahrung mit relevanten Anderen bilden sich als Repräsentation in Betreffenden als überkritische Instanz ab, was zu Depressionen führen kann.*

- *Sinnkrisen* . Der Verlust des Sinnes ist in der Analytischen Psychologie eine wichtige Ursache für depressive Störungen und wird auch in der Psychoanalyse immer häufiger diskutiert, vor allem im Zusammenhang mit der Verarbeitung von Lebensphasen bzw. von Lebensphasenkrisen.

Diese Individuationsstörungen können einzeln oder in Verbindung miteinander auftreten, sie sind nicht scharf voneinander getrennt, sondern gehen ineinander über. Gehen wir im Einzelnen auf diese Ursachen von Depressionen ein:

Bindungsstörungen

Die psychodynamische Ursache von Depressionen aus jungianischer Sicht besteht also in unsicheren Beziehungen in der Kindheit, bei denen die Bindungsbedürfnisse des Kindes zu wenig erfüllt wurden, worauf dieses als Erwachsener komplexhaft reagiert und schnell an sich zweifelt, unsicher und hoffnungslos wird und seinen Antrieb verliert. Die Eltern- insbesondere die Mutterbilder wirkten machtvoll und beängstigend auf das Kind, das zu wenig Bindung erhielt. Wilke beschreibt: Nicht eingelöste Bindungserwartungen können den Patienten in passivoraler Erwartungshaltung bei der Mutter verharren lassen. Selbst bei räumlicher Distanzierung bleibt ein zerstörerischer Mutterkomplex bestehen. Zum Teil gelingt es den Patient/innen, die Mutterimago gegen die im Unbewussten konstellierten negativen Mutterbilder abzugrenzen, indem sie gelernt haben, sich mit einer Persona zu schützen, aber dadurch können sie ihre wahre Persönlichkeit nicht leben. Denn die frühe Störung der Beziehung von Mutter und Kind erlaube es, so Wilke, dem Kind nicht, in das Wesen, in die Persönlichkeit der Mutter einzudringen, um eine Gefühlsbeziehung herzustellen. Es gleitet an der Oberfläche ab, es bleibt an der Fassade hängen, und seine Elternimago wird dadurch zu einer Persona- Abbildung (Wilke, 1974).

Zusätzlich kommt hinzu, dass die Mutter als wichtige Bezugsperson einerseits geliebt, im Falle der mangelnden Befriedigung der Bindungsbedürfnisse auch gehasst wird. Das ergibt eine ambivalente Beziehung zu ihr, was ein typisches Thema bei depressiven Menschen ist. Einerseits ist der Wunsch und die Sehnsucht nach einer engen Bindung da, andererseits die Angst vorhanden, dass die Autonomie verloren geht, wenn man sich in Beziehung begibt. Dieser Konflikt lässt den Menschen depressiv werden, es geht weder vor noch zurück. Bei der gesunden Entwicklung hilft der »Dritte im Bunde« (Vater, Großvater etc.) aus der ambivalent erlebten Mutterbeziehung heraus.

Die ambivalent erlebte Beziehung fördert die Negativität und Destruktivität des Depressiven als Schatten, der ihn schützt, damit er nicht in Leere und Verlassenheit stürzt. Das Resultat sind hohe Anforderungen und wenig Empathie mit sich selbst. Bei chronischen Depressiven müssen wir immer mit destruktiven und negativen Anteilen in der Depression rechnen, gerade dann, wenn die frühe Bindung emotional vernachlässigend, wenig haltgebend oder abwertend war. Depressive Menschen richten die Aggression eher gegen sich selber als gegen die vernachlässigende oder kritisierende Person, z. B. die Mutter. Das Selbst gerät dann unter den Einfluss des negativen Mutterarchetypus, d. h. die destruktiven Anteile werden abgespalten, auf sich selbst angewendet (negatives Selbstbild) und ausagiert, was zur Folge hat, dass die Entwicklung und Individuation blockiert werden. Unsere Kollegin Elisabeth Schöry-Volk erläutert: »Alles ist starr und festgefahren, der Patient fühlt sich von projizierten, destruktiven Anteilen verfolgt und wehrt diese aggressiv ab; im Außen, interpersonell und intrapsychisch oder in der Übertragung durch Angriffe und Entwertung des Therapeuten. Im Idealfall kommt es zur Integration des Abgespaltenen, viele vor allem die nicht glückenden Behandlungen scheitern, weil wir zu diesen Teilen keinen Zugang bekommen.« (Schöry-Volk, 2021)

4 Störungstheorien

Depressive Zustände sind entwicklungspsychologisch eng mit Aggressionen in Form von *Autoaggressionen* verknüpft: Dahinter sieht Kleespies (1998) eine große Angst vor, aber auch Hass gegen die Bezugsperson, die/den man aber nicht zulassen kann und lieber als Aggression gegen sich selber richtet:

> »In manchen Fällen lässt sich herausarbeiten, dass bei der Wendung gegen sich selbst – die bis hin zu ernsten suizidalen Tendenzen gehen kann – sich in Wirklichkeit ein Hass gegen eine unterdrückende Person – zum Beispiel aus der Kindheit – zeigt, dieser Hass aber aus Angst ... abgelenkt und gegen sich ... gewendet wird.« (Kleespies, 1998, S. 52)

Aggressionen jagen depressiven Menschen Angst ein und werden lieber unterdrückt und z. B. in Form von Anklagen oder Schuldgefühlen gegen sich selbst gerichtet. Verena Kast schreibt, dass der depressive Mensch Ärger auf sich spürt, diesen aber abwehrt, wodurch er noch mehr Ärger auf sich entwickelt: »Es ist ein Zirkel, aus dem schwer auszusteigen ist. Menschen, bei denen eine solche Dynamik auszumachen ist, sagen oft, sie hätten eine unbeschreibliche Wut in sich, die sie ausdrücken möchten, aber nicht auszudrücken wagen.« (Kast, 1998a, S. 109) Die unterdrückte Wut wird als beschämend erlebt, die schwer zu ertragen ist. Ein Beispiel aus der Praxis zeigt dies auf:

> *Ein 35-jähriger Kommunikationsleiter einer Großbank überlegt permanent, was diese oder jene Mitteilung bedeuten könnte, überall sieht er versteckte Hinweise, die gegen ihn gerichtet sind (Therapeutin: IM). Er ist sich bewusst, dass er leicht »paranoid« reagiert, aber er kann nicht anders. In seiner Jugend war er mit einer alleinerziehenden Mutter allein gewesen, seinen Vater sah er kaum, dieser interessierte sich nicht für ihn. Er war in der Schulzeit auffällig und aggressiv und als Jugendlicher war er in viele Schlägereien verwickelt, bis ihm als Erwachsener aufging, dass er nur Feinde, aber kaum Freunde hatte. Man warf ihm vor, rücksichtslos zu sein. Er wurde in der Folge depressiv, litt an starken Schamgefühlen, Selbstzweifeln und ließ sich nun von anderen dominieren. Gleichzeitig spürte er starke aggressive Impulse, mit denen er in der Psychotherapie lernen wollte umzugehen. Die Therapie besteht unter anderem nun darin, dass sein Verhalten weder aggressiv noch submissiv werden soll, dass er seine Aggressionen lernt anzunehmen und adäquat damit umzugehen,*

> statt zwischen den beiden Polen *destruktive Aggression* und *Submission* hin- und her zu schwanken.

Insbesondere bei chronisch Depressiven kommt eine ausgeprägte Negativität und Destruktivität hinzu, die aber eine gewisse Stabilisierung verleiht. Man sei der Größte in seinem Leide, so Kleespies: »Als Therapeut hat man manchmal das Gefühl ›entmachtet‹ zu werden. Alle möglichen Interventionen und jedes noch so gut gemeinte ›Verstehen‹ gleitet ab.« (Kleespies, 1998, S. 52), als wolle man gar nicht verstanden werden und als ginge es dem chronisch Depressiven unbewusst um Macht.

In der Depression herrschen statt guten Bildern konflikthafte Bilder von relevanten Bezugspersonen vor, zu denen höchst ambivalente Beziehungen bestehen. Der Depressive fürchtet, dass sich die Person, die er liebt, von ihm abwendet und er in Leere und Verlassenheit stürzt. Die Tragik ambivalent besetzter innerer Objekte ist, dass sie sowohl gebraucht und geliebt als auch abgelehnt und gehasst werden, was die seelische Situation des Kindes mit seinen konflikthaften Bezugspersonen widerspiegelt und im Erwachsenenleben durch kindlich-regressive Einstellungen, Verlassenheitsängste, Enttäuschungswut, Idealisierungen, Verstrickungen bis hin zu unterdrückter Destruktivität, Suchtverhalten, Substanzmissbrauch, Selbstdestruktivität und Suizidalität reichen kann (Will, Grabenstedt, Völkl & Banck, 2008). Auch das Gefühl der Hilflosigkeit kann sich einstellen und der Auslöser der Depression sein, weil man sich an starre, zentrale Wünsche klammert, die nicht verwirklicht und auch nicht aufgegeben werden können (Bleichmar, 2013). Die Depression ist verknüpft mit einer Reihe von Gefühlen wie Scham, Schuld, Versagensangst, unterdrückter Aggression, Wut, Neid, Rachegefühlen, Hilflosigkeit, Hoffnungslosigkeit etc.

Regressiv-kindliche Einstellungen können ebenfalls aus psychodynamischer Sicht eine Depression begleiten, dann wenn Eltern ein Kind verwöhnten oder ihm zu starke Grenzen setzten, sodass es in kindlichen Vorstellungen verhaftet bleibt und wenig Autonomieschritte unternahm. Das hat regressive Einstellungen von unerfüllbaren idealistischen Versorgungswünschen zur Folge. Frustration wird als Verlust wahrgenommen. Passiv wartet man ab, dass Zuwendung, Anerkennung und Geborgenheit von anderen kommen. In den Kinderjahren erhielt man narzisstische Gratifikation ohne eigenes Dazutun, Steine wurden aus dem Weg geräumt. Nun müsste man sich als Erwachsener um Kontakte kümmern und aktiv werden, aber die kreativ-expansiven Impulse sind blockiert, weil Eltern die Autonomie nicht gefördert haben, sondern das Kind abhängig hielten.

Auch hier wird die Realität komplexhaft erlebt, etwa, indem sich die depressiven Menschen schnell alleingelassen fühlen. Immer wenn Komplexe im Spiel sind, wird die Energie des Menschen gestaut und blockiert. Kleespies sieht die Passivität des depressiven Menschen in einer mangelnden Ablösung von den Elternbildern, die die kindliche Autonomie einschränkten. Erst die Entwicklungsleistung des Ablösekampfes erlaubte es ihm, sich aus der Höhle wieder hinaufzubewegen und sich zu entfalten. Kleespies erklärt weiter:

> »Wir müssen zunächst entwicklungsgeschichtlich davon ausgehen, dass der Betreffende schon früh in seiner Entwicklungszeit seine Energien und Selbstwert-Vorstellungen (die in einem Komplex vereint sind) zu blockieren gelernt hat. Sie sind ins Unbewusste verdrängt, er wehrt damit Handlungsimpulse wie Durchsetzung, kämpferische Aktivität ab. Komplextheoretisch kann man sich vorstellen, dass sich früh negative Assoziationen gebildet haben und entweder zentral am Selbstwert ansetzen oder sich auf den Handlungsteil – auf das Verhalten – beschränken.« (Kleespies, 1998, S. 39)

Der depressive Mensch hat gelernt, dass er nichts für sich fordern kann, sondern passiv bleiben muss. Er verhält sich angepasst und selbstlos, weil er denkt, dass das die andern von ihm erwarten. Selbstlosigkeit bedeutet, dass er Angst hat, einen eigenen Willen und eigene Wünsche zu entfalten, die Zukunft selbst zu planen und sich wichtig zu nehmen. Er meint, nur wenn er brav und angepasst ist, anerkennen ihn die anderen. Das ist aber ein Trugschluss, weil es die anderen eher einlädt, ihn auszunützen (Kast, 1998a). Die Folge ist, dass Lebensimpulse auf andere projiziert werden, was zu Neid, Rache oder Aggressionen führt.

Selbstwertstörungen

Kinder und insbesondere Jugendliche brauchen ein Klima der Wertschätzung, der Anerkennung bis hin zur Auseinandersetzung mit ihnen, damit sie ein gesundes Maß an Selbstwert entwickeln können. Wenn eine relevante Bezugsperson wie Mutter oder Vater aufgrund eigener Überforderung oder einem eigenen rigiden Elternteil, ein Kind oder eine/n Jugendliche/n immer wieder kritisieren oder ablehnen, lernen sie nicht, ihren Gefühlen, ihren Aggressionen oder sich selbst zu vertrauen. Sie schonen vielmehr die Eltern, indem sie sich unterwerfen und gehorsame Kinder werden, mit dem Ergebnis, dass die eigenen (aggressiven) Gefühle abgespalten und manchmal auch ausagiert werden. Dafür schämen sie sich und fühlen sich schlecht, falsch oder minderwertig. Als Erwachsener – manchmal bereits als Kind oder Jugendliche – werden sie oft depressiv.

Der depressive Mensch leidet an einer Herabsetzung der Selbstachtung, bei der andere als vermeintlich abwertend oder dann als viel schöner, intelligenter, erfolgreicher etc erlebt werden. Gegenüber diesen empfindet man versteckte Wut und Hass. Bewusst wird eine extreme Empfindlichkeit erlebt, die sich in Selbstanklagen, Negativität, Verlustängsten bis hin zu Suizidalität etc. äußert.

> *Ein 40-jähriger Büroleiter entwickelt ausgedehnte Tagträume im Rahmen seiner Beziehung zu einer Frau, die er als dominant und cholerisch erlebt: Sie reagierte schnell gereizt, empört und aggressiv, wenn sie sich über ihn aufregte und wandte sich jeweils abrupt von ihm ab. Er entwickelte in der Folge große Verlustängste und starke Gefühle der Hilflosigkeit und bewältigte diese, indem er abends phantasierte, ein Krieg sei zwischen zwei Ländern ausgebrochen, bei dem er Oberbefehlshaber eines der Landes war. Er konnte stundenlang darüber phantasieren, wie die Kämpfe ausgefochten würden. (Kleespies, 1998, S. 76)*

Der Patient stellte keine Verbindung zwischen seinen Fantasien und den erlittenen Kränkungen durch seine Partnerin her. Er hatte einerseits eine magische Angst vor den Auswirkungen seiner Aggressionen auf sie, andererseits fühlte er sich von ihr abhängig. Lieber spaltete er seine Aggressionen ab. Bewusstwerdung, Integration und insbesondere das Aushalten von Ambivalenzgefühlen gelangen erst in der Therapie.

Innerer Kritiker mit starrer Persona, Idealisierung und Perfektionismus

Wir haben die starre *Persona* als eine Folge von frühkindlichen Frustrationen und Enttäuschungen erwähnt. Da die Sehnsucht nach einer engen Bindung nicht erfüllt wird, führt dies zu einer *Idealisierung* des anderen. Die Elternbilder werden idealisiert oder in ihrem Schrecken verleugnet, um die negativen inneren Bilder (Objekte), z. B. einen negativen Mutterkomplex, aushalten zu können. Dadurch werden depressive Menschen später leicht kränkbar und sensibel für Zurückweisungen, weil sie idealistisch andere mit hohen Erwartungen betrachten und sich allein nicht »ganz« fühlen. Sie leiden an perfektionistischen Vorstellungen von sich selbst, die es ihnen schwermachen, zufrieden mit ihren Leistungen und ihrer Persönlichkeit zu sein. Das ist dann das, was wir Jungianer/innen den »inneren Kritiker«» nennen, als ein Komplex oder Persönlichkeitsteil, der ihre Leistungen etc. kritisiert, immer mehr erwartet und nicht zufriedengestellt werden kann. Psychoanalytiker/innen nennen diese Instanz das »Über-Ich« und die Idealvorstellungen von sich selbst narzisstische Erwartungen. Wenn das Gefühl der Grandiosität in sich zusammenfällt, weil die Realität ein durchschnittlicheres Bild von sich aufzeigt, kann eine Depression mit starken Schuld- und Schamgefühlen die Folge sein (Böker, 2017a).

Sinnkrisen

Sinnkrisen mit depressiven Zügen können in Übergängen des Lebens auftauchen, z. B. bei Berufsbeginn, einer Lebensmitte-Krise, beim Auszug der Kinder, beim Tod eines Elternteils, bei der Pensionierung und vieles mehr. Die Sinnkrise aktiviert entwicklungspsychologische Themen, etwa Bindungs- oder Autonomieprobleme. In Übergängen werden unerledigte Konflikte aus früheren Phasen reaktiviert. Verena Kast erwähnt als Beispiel Fälle von Depressionen aufgrund der Identifikation mit einem positiven Mutterkomplex (Kast, 1994). Es sind Menschen, die an das Gute glauben, kreativ sind, das Leben genießen, Vertrauen in andere haben, aber dazu neigen träge und naiv zu sein und eine Tendenz zu regressiven Einstellungen zu entwickeln. Generell haben sie mit Trennungen und mit Trennungsaggressionen Mühe. Der Ich-Komplex und die Autonomie sind in solchen Fällen zu wenig entwickelt, weil ein starkes Bedürfnis nach Liebe und Akzeptanz von der Umgebung erwartet wird.

Kast (1994) schildert den Fall einer Frau, die als Mutter eine mütterliche Atmosphäre um sich schaffen konnte, in der Essen, Gemütlichkeit und Wohlbefinden eine große Rolle spielten. Als ihre Kinder erwachsen waren und vom Vater aufgefordert wurden, auszuziehen, zogen alle zusammen in eine Geschwister-Wohngemeinschaft, außer der Jüngste.

Die Mutter fällt daraufhin in eine Depression. Gemäß Kast hat sie es verpasst, ihre Identität aus der Identifikation mit dem positiven Mutterkomplex herauszulösen. Ihre eigene Identität, neben der Mutter-Identität ist nun gefragt. Die Patientin ist an einem Nullpunkt angelangt, sie muss sich neu orientieren und die Identifikation mit der positiven Mutterrolle aufgeben, eine neue Beziehung zum Ehemann suchen und die Sinnfrage für sich neu beantworten.

Nötig dafür ist die Fähigkeit, Opfer zu bringen. Ute Dieckmann spricht vom »missglückten oder nicht erfolgten Opfer« (Dieckmann, U.,1974) bei depressiven Menschen. Es gehe nicht nur um die Verlustgefühle bei der Depression, sondern auch um das archetypische Bild des Opfers, das nicht erfolge. Wie C. G. Jung sieht sie als Opfer den bewussten Akt der Weggabe eines Teiles von sich an:

> »Bei den Depressiven ist es aber oft so, dass das, was sie aufgeben müssen und nicht können, zu einem Teil ihres Ich geworden ist. Ihr Ich ist häufig ein vom Selbst inflationiertes und aufgeblähtes Ego. Sie sind so unbewusst von Omnipotenzgefühlen beherrscht. Diese Ich-Selbst-Identität zeigt sich ... in einer Art von provisorischem Leben. Es ist alles noch nicht das Eigentliche, das Wirkliche wird in der Zukunft erst kommen, jetzt lege ich mich noch nicht fest.... Oft müssen die Depressiven sich erst finden, indem sie hier ihren Omnipotenzanspruch opfern.« (Dieckmann, 1974, S. 99).

4.3.4 Gestörte Ich-Selbst-Achse (verdunkeltes Selbst)

Wie beeinträchtigt nun eine Depression die Ich-Selbst-Achse? Jung beschrieb das reflektive Ich-Bewusstsein als »das Zentrum des Bewusstseinsfeldes« und sah es als von »von hoher Kontinuität und Identität mit sich selber« an (Jung, 1960, § 810). Erst durch die Vermittlung des Ichs können sich Elemente des Selbst im Alltag realisieren. Gegensätze und Konflikte sind im Alltag des Menschen normal, aber wenn das Ich die Gegensätze nicht ausbalancieren kann, erlebt dies der Mensch als Schwäche, Krise oder Krankheit. Wenn das Aushalten der Spannungen gelingt, ist eine Ich-Selbst-Achse vorhanden, sie ist das Containment, das Gefäß, in der die Individuation geschehen kann. Häufig dienen therapeutische Interventionen der Stabilisierung des Ich-Bewusstseins, das durch die Differenzierung und Strukturierung der Wahrnehmung und der Gedanken sowie der Regulierung und Steuerung von Gefühlen verbessert wird (Ich-Stärke). Ist eine Ich-Stärke vorhanden, ist der Kontakt mit dem Selbst und eine Ich-Selbst-Achse eher möglich. Besteht keine stabile Ich-Selbst-Achse kommt es zum ständigen Wechsel zwischen Starre und Chaos, d. h. das Ich des Betreffenden ist entweder zwanghaft-rigide, hat Angst von den Möglichkeiten des unbewussten Selbst überflutet zu werden oder verschwindet durch die Identifikation mit dem Selbst in Größenfantasien. Im ersten Fall kommt es zur Zwangssymptomatik, im zweiten zur Psychose. Bei schweren Depressionen mit psychotischen Symptomen ist die Ich-Selbst-Achse instabil, der Realitätskontakt geht verloren, das Ich-Bewusstsein versucht zwar verzweifelt, aber meist erfolglos, irgendwo Halt zu finden, etwa in paranoiden Gedanken.

Das Selbst ist bei depressiven Menschen negativ und verschattet, beschreibt der Jungianer Eberhard Wilke. Der depressive Mensch befindet sich auf der Suche nach einem tragenden Grund in der Tiefe (Halt). Dieser Grund ist fraglich, unsicher und wird von Betroffenen als ein tödlicher Absturz in eine unendliche Tiefe beschrieben:

> »Ein 28-jähriger Patient erlebte seinen Analysenbeginn wie einen Weg an einem terrassenförmigen Bergabhang, als ein von Stufe zu Stufe immer tieferes Abrutschen. Rational konnte er sich sagen, dass es ja

> vielleicht auch einmal eine Talsohle geben müsse, wo es nicht mehr tiefer abwärts ginge und von wo aus eine Aufwärtsentwicklung möglich sein müsste. Spontan war der Abgrund jedoch für ihn mit Kriminalität, Verwahrlosung, Sucht, Geisteskrankheit und lebenslänglicher Asylierung verbunden.« (Wilke, 1974, S. 93)

Real hatte er, so Wilke weiter, im Verlauf der Analyse einige dieser Klippen nur mit großer Mühe und Gefährdung umschiffen können, bis es ihm mithilfe der Analyse gelang, sein Ich zu stärken, und damit die Suche nach einem Halt besser gerüstet voranzusetzen. Die Frage nach dem tragenden Grund ist oftmals mit der Sinnfrage verbunden, sie bedeutet, dass das Selbst konstelliert ist. Die Schwierigkeiten in der Behandlung depressiver Menschen beruhen unter anderem darauf, dass für diese Suche eine Diskrepanz zwischen dem realen Entwicklungsstand und dem Entwicklungsanspruch der Individuation besteht. Das erwachsene Ich verhält sich kindlich-regressiv und hilflos statt autonom und verantwortungsbewusst. Deshalb ist die Arbeit am Ich-Bewusstsein durch Differenzierung, Strukturierung und bessere Steuerung so zentral, damit die Suche nach dem tragenden Grund erfolgreicher verlaufen kann. Wir stützen in der Arbeit das Ich und dessen planerische und strukturierende Fähigkeiten, damit die Gegensätze und Spannungen besser ausgehalten werden können.

4.4 Depressionsursache bei Psychoanalytiker/innen

Der Verlust des (ambivalent geliebten) Objekts und der Verlust des Selbstwertgefühls stehen ebenfalls im Zentrum der Depressionstheorien der Psychoanalytiker (Böker, 2017a). Daraus folgen erstarrte Trauer sowie ein rigides Über-Ich, das den depressiven Menschen zu hohen Anforderungen an sich und an die anderen führt. Die Trauer wird nicht verarbeitet, das Ich entfremdet sich von sich, klagt sich selbst an oder verliert bei schwereren Verläufen sogar den Bezug zur Realität. Winnicott betonte außerdem die Bedeutung befriedigender Beziehungserfahrungen für die Entwicklung des Selbstwertgefühls mit der »hinreichend guten Mutter« und »einer haltenden Umwelt« (Winnicott, 1960), Wir wollen an dieser Stelle die verschiedenen psychoanalytischen Theorien der Bindung und des Selbstwertes von Winnicott, Bowlby, Kohut und andere nicht weiter vertiefen, sondern verweisen auf entsprechende psychoanalytische Literatur (z. B. Böker, 2017a)

Im Rahmen der LAC-Depressionsstudie (»Langzeitstudie bei chronischen Depressionen«) zur Wirksamkeit psychoanalytischer und verhaltenstherapeutischer Langzeitbehandlungen bei chronisch depressiven Patienten wurden bei 217 Patienten vor Behandlungsbeginn die OPD-Achsen Konflikt und Struktur erhoben. Die Operationalisierte Psychodynamische Diagnostik (OPD) (Arbeitskreis OPD, 2014) wurde als diagnostisches Instrument und Verfahren in Ergänzung zur rein phänomenologisch ausgerichteten psychiatrischen Diagnostik eines ICD-10 oder DSM-5 entwickelt und ermöglicht die Erfassung und Beschreibung psychodynamischer Konstrukte. Es erlaubt die psychodynamische diagnostische Einschätzung mittels manualisierter Dimensionen und Kriterien und hilft bei der Indikationsstellung von Psychotherapie.

Die Ergebnisse der LAC–Depressionsstudie sind für uns interessant, da sie unseren Einschätzungen der Ursache von Depressionen ähneln: Als Hauptkonflikt von chronisch Depressiven dominierte der »Versorgung-versus- Autarkie-Konflikt«, gefolgt vom Konflikt »Individuation versus Abhängigkeit«. Bei den Nebenkonflikten trat der Selbstwertkonflikt am häufigsten auf. Hinsichtlich der Konfliktverarbeitung überwog ein passiver Modus. Bei höherem Strukturniveau trat häufiger der Versorgungs- und Selbstwertkonflikt auf. Ein niedrigeres Strukturniveau ging mit starken, passiven Versorgungswünschen und aktiver Verarbeitung des Individuationskonflikts einher (kontraphobisches Wegrennen vor Abhängigkeit) (Leuzinger-Bohleber et al. 2010). Schuldkonflikte traten interessanterweise wenig auf, aber möglicherweise waren sie verdeckt in den anderen vorhanden (Kaufhold et al., 2017).

Übersetzt in die jungianische Terminologie lassen sich die regressivunbewussten Einstellungen bei Depressiven mit dem Versorgungs- versus Autarkie-Konflikt vergleichen, die Individuationsstörung mit dem

Individuations- versus Abhängigkeits-Konflikt und das negative Selbstbild mit dem Selbstwertkonflikt.

Heinz Böker stellt fest, dass sich trotz des facettenreichen Bildes der Depression einige typische Konfliktmuster und Persönlichkeitseigenschaften bei der Behandlung depressiver Menschen finden lassen, sodass von psychodynamischen Typen gesprochen werden kann (Böker, 2017b). Wesentliche Komponenten dieser Grundkonflikte ist die Sehnsucht des depressiven Menschen nach einer engen Bindung an ein idealisiertes Objekt, das mit großer Anhänglichkeit gesucht wird. Diese Sehnsucht geht mit einer extremen Kränkungsbereitschaft einher. »Depressive fürchten in extremer Weise Abweisung, Enttäuschung und Kränkung und erleben sich selbst als entwertet, sobald der idealisiert geliebte andere nicht den eigenen Bedürfnissen entspricht.« (ebenda, S. 176f). Mehrfach wird Angst gespürt; Angst, den anderen zu verlieren und Angst, durch eigene Impulse und Autonomiewünsche oder Wut den anderen zu zerstören und ihn schuldhaft zu verlieren. Zur Bewältigung dieser Grundsituationen werden verschiedene Mechanismen eingesetzt.

Schulddepression

Benedetti (1987) bezeichnete diese Depression als »Über-Ich-Depression«. Die quälenden Schuldgefühle von depressiven Menschen beruhen auf unbewussten Aggressionen gegenüber der dominierenden Bezugsperson. Aggressionen werden als »böse« Impulse verdrängt, stattdessen verhalten sie sich nach außen hin liebenswürdig, freundlich und angepasst. Weil sie negative Emotionen nicht zeigen dürfen, richten sie diese gegen sich selbst als Selbstvorwürfe, Schuldgefühle und Anklagen, die eigentlich dem andern gelten, weil sie sich von ihm enttäuscht fühlen.

Abhängigkeitsdepression

Benedetti (1987) definierte diese Depression als »Es-Depression« (1987). Enttäuschungen werden als tiefgreifender Verlust erlebt, der die anklammernden und fordernden Tendenzen verstärkt. Typisch ist, dass dieser Typus von depressiven Menschen übermäßig viel Liebe, Zuneigung und Aufmerksamkeit benötigt und sozusagen auf der Lauer liegt und nur darauf wartet, dass der andere sie enttäuscht. Sie deuten die Handlungen und Haltungen der anderen nicht richtig und adäquat. Der andere hat oft das Gefühl, er kann tun, was er will, es ist nie genug. In der Gegenübertragung löst ein solches forderndes Verhalten Wut und Verzweiflung, auch beim Psychotherapeuten, aus. »Der Teufelskreis von idealisierender Liebe, Abhängigkeit, Enttäuschungswut und trotzigem Rückzug rückt schließlich in den Fokus der Psychotherapie« (Böker, 2017b, S. 183). Die passiv Abhängigen, so Böker, machen sich dabei völlig abhängig vom anderen, während die scheinbar »Unabhängigen« sich für den anderen unentbehrlich machen. Sie drehen insofern den Spieß um. Sie geben anderen das, was sie selbst gern hätten.

Ich-Depression

Bei der Ich-Depression handelt es sich um eine Kontrollverlust-Angst-Depression. Sie tritt bei Personen auf, die in ihrer Lebensgeschichte die Erfahrung machten, dass sie das Geschehen und die Abläufe rund um sie nicht kontrollieren und gestalten zu können, sondern oftmals das Gefühl hatten, anderen gegenüber ausgeliefert zu sein oder sogar ausgebeutet und missbraucht zu werden. In Krisen reagieren sie beschämt, unsicher und hilflos (»erlernte Hilflosigkeit« gemäß Seligman)

Narzisstische Depression

Benedetti (1987) bezeichnete diese Form der Depression als Ich-Ideal-Depression. Böker beschreibt bei ihr eine Diskrepanz zwischen dem aktuellen Selbst und den Größenfantasien. Das Leben wird beherrscht vom Gefühl der Wertlosigkeit und einem mangelnden Selbstwertgefühl. »Ursprung dieses Gefühls sind überzogene Erwartungen an sich selbst und andere und eine Selbstüberschätzung (Grandiositätsgefühle), die krass von den realen Möglichkeiten abweicht.« (Böker, 2017b, S. 185) Die Kluft zwischen dem Idealbild und dem realen Bild führt zu Enttäuschungen und zu Depressionen. In der Psychotherapie lernen diese Menschen mithilfe einer empathischen Begleitung Abschied zu nehmen von unrealistischen Idealvorstellungen.

4.5 Eignung für jungianische Therapie

Bezüglich Indikation für eine jungianische Therapie stellen sich die folgenden Fragen: Verfügt der depressive Mensch über eine hinreichende Motivation und ein Interesse am therapeutischen Prozess? Wie steht es um seine Fähigkeit, sich verbal und gefühlsmäßig auszudrücken und ansatzweise nach innen schauen zu können, wenn er vom Prozess einer jungianischen Psychotherapie profitieren möchte. Kann er Verknüpfungen mit unseren psychologischen Ausführungen herstellen? Geduld, Engagement, Introspektionsfähigkeit und Offenheit dem therapeutischen Prozess gegenüber sind sicher von Vorteil, müssen aber teilweise auch zuerst zusammen erarbeitet werden. Von unserer Seite her stellt sich die Frage, ob wir ein gewisses Interesse an oder Neugierde auf dem/den depressiven Menschen haben. Annette und Lutz Müller erklären dies so: »Von entscheidender bejahender Bedeutung ist für beide Interaktionspartner, dass sie in der Erstbegegnung miteinander eine emotionale Erfahrung machen, die zum Teil durchaus unbewusst, aber dennoch affektiv spürbar ist. Für den Therapeuten gilt dabei: Er muss Sympathie und Empathie für den Patienten empfinden können.« (Müller & Müller, 2018, S. 383)

Selbst wenn wir nach den ersten Gesprächen keine Indikation für eine entwicklungsorientierte Therapie stellen können, der depressive Mensch aber in der Therapie bleiben möchte und wir bei uns Interesse spüren, kann es haltgebend sein, mit ihm weiterzuarbeiten und eine konstante Beziehung anzubieten.

5 Behandlung

5.1 Vorgehen im Überblick

Im Folgenden beschreiben wir verschiedene Möglichkeiten für die Gestaltung der Anfangs-, Mittel- und Endphase jungianischer Therapien mit depressiven Menschen. Die einzelnen Abschnitte sind nicht als Bedienungsanleitung gedacht, sondern als Auslegeordnung, die flexibel zu handhaben ist. Die Behandlung soll sich den Erwartungen und der Motivation der depressiven Menschen anpassen und nicht unseren Methoden und Techniken, deshalb kann ein Ablauf nur annähernd beschrieben werden.

Es geht in der Anfangsphase darum, den Glauben des depressiven Menschen an seine eigene Wirksamkeit und Handlungsfähigkeit zu fördern und dass er Hoffnung gewinnt, indem ihm Ressourcen aufgezeigt werden. Wenn wir merken, dass es dem depressiven Menschen hilft, ein besseres Verständnis der Depression zu bekommen, so ist die Vermittlung von Informationen über das Krankheitsbild. und wie wir vorgehen, eine wichtige Hilfe.

In der Anfangsphase stellen wir mit ihm zusammen Überlegungen zu den inneren Konflikten, Komplexen und zur Struktur (im OPD-Sinn) an. Es muss betont werden, dass dies Anhaltspunkte sind. Oft gelingt das Feststellen der Konflikte und Komplexe erst in der mittleren Behandlungsphase, da der Aufbau der therapeutischen Beziehung den anderen Elementen der ersten Phase vorzuziehen ist. Die dritte Phase dreht sich um das Ende der Behandlung, was Menschen mit depressiver Symptomatik, die mit Trennung Mühe haben, Schwierigkeiten bereiten mag.

5.2 Anfangsphase

In der jungianischen Psychoanalyse und Psychotherapie ist die Untersuchung und Bewältigung der aktuellen Komplexe, Konflikte und Probleme des depressiven Menschen von entscheidender Bedeutung. Die früheren genetischen Konflikte sind nur insoweit von Interesse, als sie die aktuelle Konfliktsituation und vor allem den Individuationsweg des Menschen mitbestimmen und zu überdauernden, unbewussten psychodynamischen Konflikten geworden sind (Braun, 2016). Denken wir dabei immer an beide Aspekte: Welches Leben kann nicht gelebt werden (final-prospektiver Aspekt) und warum (kausaler Aspekt)? Das konkrete Vorgehen kann folgendermaßen aussehen:

5.2.1 Exploration der Depressionserfahrung

Exploration der depressiven Symptome, Gefühle, Gedanken etc.

Unsere Fragen im Erstgespräch betreffen die Exploration der Symptome, Gedanken und Gefühle zu Beginn der depressiven Störung. Das geschieht mithilfe von Fragen wie:»Aus welchen Symptomen setzt sich Ihre Depression zusammen? Wann tritt sie auf? Wie lange, in welchen Situationen? Was denken Sie selbst darüber, was fällt ihnen dazu ein? Welche Sorgen haben Sie dazu? Welche Symptome und Probleme tauchen auf? Wie spüren Sie, dass es eine Depression ist? Woran hindert die Erkrankung Sie?« Es ist wichtig, aktiv nachzufragen, denn so werden Faktoren deutlich, die den depressiven Menschen irritieren und niederdrücken. Die Analytische Psychologie ist final orientiert und fragt nicht nur nach der Ursache, sondern auch dem Zweck eines Symptoms.

Exploration mit detailliertem Erfragen der Auslöser

Hier können wir Fragen stellen wie: »Welches könnten Auslösesituationen für depressive Zustände sein? Welche Gedanken, Gefühle oder Situationen könnten eine solche auslösen? Wie war die körperliche Befindlichkeit? Was beschäftigte Sie in der letzten Zeit besonders? Könnten aktuelle Einflüsse oder Situationen etwas mit der Stimmung zu tun haben? Ab wann bemerkten Sie die Lustlosigkeit oder die Erschöpfung usw.?« Manchmal sind es nebensächliche oder harmlose Sätze eines anderen Menschen, die die depressiven Gefühle auslösen und die depressiven Komplexe berühren können. Und bereits ist man in einem anderen »Film«. Es hilft dem therapeutischen Prozess, wenn die Auslöser zusammen bestimmt werden können. Das Bewusstsein, dass die Depression nicht einfach plötzlich da ist, sondern einen Auslöser in der Gegenwart hat, ist für den depressiven Menschen nützlich.

Ein 37-jähriger Mann wendet sich an Kleespies wegen seiner seit drei Monaten bestehenden Depression. Sie ermitteln zusammen, dass es vor drei Monaten einen Wechsel in der Führung des Betriebes gegeben hat. Der neue Chef wirkt zynisch, kann nicht loben, sondern bemängelt eine Fülle von Dingen, was der Patient nicht gut ertragen kann. Er wird depressiv. Durch die ›auslösende Schicksalssituation‹ des Chefwechsels hätte sich der Patient behaupten und zur Geltung bringen sollen. Dies kann er aber aufgrund seiner bestehenden depressiven Struktur nicht. Er traut sich nicht, sich zu widersetzen. Das Ich wird, da er sich nicht zu entfalten traut, stattdessen energetisch entleert, was nach außen in einer Depression in Erscheinung tritt. Hätte es keinen Chefwechsel gegeben, hätte er auch keine Depression bekommen. (Kleespies, 1998) Erst die Auslösesituation des Chefwechsels führte zu depressiven Symptomen.

Exploration der persönlichen Bedeutung der depressiven Symptome

In der Praxis hat sich gezeigt, dass die depressiven Menschen ihren Symptomen zunächst nichts abgewinnen können, sie fühlen sich einfach blockiert oder leer oder erschöpft und wissen nicht, wieso dies so ist. Nur mit Geduld und auf genaueres Nachfragen und Überlegen hin, erzählen sie von ihren Ängsten, nicht zu genügen, nicht genügend wertgeschätzt und perfekt zu sein, vor der Angst vor Kritik der anderen, von der Unsicherheit, woran sie sich orientieren sollen. Manchmal entlastet die Einsicht, dass die Depression möglicherweise eine Schutzfunktion hat, sich nicht mit Neuem zu konfrontieren und Ängste, Unsicherheit,

Trauer, Hilflosigkeit oder Desorientierung aushalten zu müssen. Im Hintergrund lauert oft ein innerer Kritiker, der eine Entwicklung erschwert und gegenüber dem sie unterliegen.

> *Eine depressive Patientin mit Borderline-Zügen schildert das Bild einer frustrierten, hässlichen inneren Kritikerin, die ständig nörgelt, eine Zornesfalte im Gesicht und strähniges Haar hat und verkatert im Bett liegt (Therapeutin: IM). Sie wertet als innere Stimme die Patientin permanent ab, sie sei zu dumm, faul, sie leiste bei der Arbeit zu wenig. Es ist im Gespräch ersichtlich, dass diese innere Kritikerin ängstlich und unsicher ist und sich gehen lässt, weder duscht noch die Haare wäscht und sich selbst auch nicht mag. Was ihr fehlt, ist eine mütterliche Frau, die energisch sagt: »Aufstehen, hinausgehen, schau, wie schön die Welt ist«. In der Gegenübertragung merke ich diesen Impuls, den sie mir delegiert. Ich vermute, dass die innere Kritikerin ein Konglomerat von jugendlichen Vorstellungen sowie elterlichen Vorbehalten war, da die Klientin in Jugendjahren aus der eng religiösen Vorstellungswelt der Eltern ausbrach.*

Auf genaueres Nachfragen hin zeigt sich manchmal, dass hinter der Unsicherheit und Hilflosigkeit außerdem Ärger, Scham, Neid, Wut und Aggressionen stecken, die verdrängt werden müssen. Oder dann sind die Gefühle bewusst, aber die Umsetzung macht zu große Angst. Fragen dazu, was wird befürchtet, wovor hat man Angst, lassen diese verdrängten Bereiche bewusster werden.

> *Eine Patientin in leitender Stellung leidet chronisch an Depressionen, an Schlafstörungen, Freudlosigkeit und niedergedrückter Stimmung (Therapeut: GR). Sie ist wütend auf ihre Vorgesetzte, die gleichzeitig die Besitzerin des Geschäfts ist und für die sie bereits über 35 Jahren arbeitet. Sie kann sich aber nicht entschließen zu kündigen, obwohl sie eine größere Summe geerbt hat – ihr ist die bekannte Situation letztlich doch lieber, als die Ungewissheit, was kommt, wenn sie kündigt.*

5 Behandlung

Exploration von Verlust- und Trennungserfahrungen

Die Depression kann mit der Sehnsucht nach einer Person oder einer Situation zu tun haben, diese Sehnsucht kann mit realen oder auch imaginären Verlusterfahrungen in Zusammenhang stehen.

> *Eine 50-jährige Klientin sagt:* »*Seit meine Tochter ausgezogen ist, geht es mir schlecht, ich habe auf nichts mehr Lust, alles scheint mir so leer und sinnlos (Therapeutin: IM). Ich verdränge alle Gefühle, aber das macht mich stumpf. Ich leide außerdem an Wechseljahr-Beschwerden, die mir zusätzlich zusetzen. Was bin ich jetzt noch? Keine attraktive Frau mehr, keine Mutter mehr. Bin ich jetzt nur noch eine Alte? Ich weiß nicht, was ich mit mir anfangen soll. Der Verlust meines Kindes macht mir schwer zu schaffen, ich weiß mit dem Kopf, dass das so sein muss, aber emotional kann ich das nicht begreifen. Es macht mich ärgerlich auf meine Tochter, sie meldet sich kaum mehr. Es scheint, dass ich mich neu orientieren muss, vielleicht auch schauen muss, was mit der Beziehung zu meinem Mann los ist, aber ich habe weder Lust auf Neuorientierung noch Lust mich mit der Beziehung auseinanderzusetzen. Das dünkt mich alles so schwer, und ich weiß nicht, wie das gehen soll.*«

Die Patientin »flüchtet« sich in die Depression, weil das für sie im Moment am einfachsten ist. Solche Verhaltensweisen und innere Einstellungen haben oft eine biographische Wurzel in konflikthaften Ereignissen in der Kindheit.

5.2.2 Anamnese und frühere Depressionen

Wie sieht der Zusammenhang zwischen Depression und wichtigen Lebensereignissen aus? Wie sieht die individuelle Ausformung aus? Wie hat man die Eltern und das Familienleben wahrgenommen? Kennt die betroffene Person das depressive Gefühl von früher, nicht als eine klinische Depression, aber als depressives Gefühl der Niedergeschlagenheit, Hoffnungslosigkeit etc.? Wo und wie gab es früher Ärger, wie ist man mit Verlusten und Trennungen umgegangen? Wie war die Erwartungshaltung der Mutter und des Vaters oder von anderen relevanten Bezugspersonen in der Kindheit (z. B. Lehrer). Wie hat man früher den nun erkrankten Menschen behandelt? Mit Anerkennung, mit dem Gefühl »Du bist okay?«. Oder wurde beständig genörgelt, kritisiert, bestraft, nicht wahrgenommen? Wie sah die Schulzeit aus? Hat sich in der Adoleszenz etwas geändert oder kamen neue Probleme hinzu wie der Selbstwert als Frau, Essstörungen usw.? Was waren die schwierigen Probleme und Konflikte? Welche Bedürfnisse und Wünsche wurden nicht erfüllt? Wie könnten diese Ereignisse mit heute zu tun haben?

Besonders wichtig ist das Thema der früheren depressiven Gefühle bei ängstlich-depressiven Anpassungsstörungen, wie sie z. B. bei jungen Menschen unter dem Stress des Militärdienstes (für alle Schweizer ab 18 Jahren gilt eine obligatorische Wehrpflicht, die 18 Wochen Rekrutenschule umfasst, woran sich später Wiederholungskurse von drei Wochen anschließen) auftreten können. Diese Menschen kommen mit deutlichen Zeichen eines Zusammenbruches zum Psychiater und wollen vom Militärdienst so rasch wie möglich weg. Der Militärdienst wird als einzige Ursache für ihren Zustand gesehen. Hier lohnt es sich, nach früheren Krisenzeiten zu fragen, wobei die Krise nicht zwangsläufig manifest depressive Zustände gezeigt haben muss, dennoch litt der Patient, sein Leiden war echt, aber jetzt reagiert er angesichts des Militärdienstes besonders stark, sodass die Kriterien für eine ICD-10-Diagnose (bzw. des ICD-11, das in den nächsten Jahren das ICD-10 ablösen wird,) erfüllt sind.

5.2.3 Komplexe bei depressiven Menschen

Wie verschiedentlich bereits erwähnt, zeichnen sich Komplexe bei depressiven Menschen dadurch aus, dass Grundbedürfnisse nicht erfüllt wurden. Damit ist etwa das Bindungsbedürfnis gemeint, das beim Depressiven entweder zu wenig (emotionale Vernachlässigung, traumatische Bindung) oder zu viel (Verwöhnung) erfüllt wurde. Auch das Selbstwertbedürfnis ist bei ihnen oft gestört. Die relevanten Bezugspersonen gaben dem Kind zu wenig Wertschätzung und Anerkennung, die für eine gesunde Entwicklung nötig sind. Auch das Sinnbedürfnis kann tangiert sein, wenn sich Lebensphasenprobleme ergeben. Der daraus entstehende Komplex beruht auf verschiedenen Repräsentationen. Spielen wir es exemplarisch bei dem Fehlen von genügend Anerkennung durch die Eltern einmal durch:

Im depressiven Menschen ist ein Komplex vorhanden, der aus *Gedanken* besteht (ich bin zu wenig wert), aus *Gefühlen* (Verzweiflung, Ohnmacht, Hilflosigkeit, aber auch aus unterdrückter Wut, Hass etc.), einem *Körpergefühl* (Schwäche, Versteinerung etc.) und reflexhaft anspringenden *Bewältigungsmechanismen* (Flucht, Unterwerfung etc.). Fragt man nach einem *symbolischen Bild*, das zur Situation passen würde, sowie nach *Erinnerungen* oder *Träumen* lässt sich der Komplex anreichern und genauer bestimmen (Beispiel eines Symbolbild: kleines Mäuschen vor einem Adler mit spitzem Schnabel). Ausgelöst wird der Komplex in der Gegenwart durch einen *Trigger*, der aus einer kritischen Bemerkung bestehen kann, worauf der Komplex »anspringt« und wir »fallen in ihn hinein« (Komplexfalle). Um uns einen Überblick zu verschaffen, können wir mit der depressiven Person die einzelnen Elemente eines Komplexes durchgehen. Kast erwähnt zusätzlich die Komplexepisode (Kast, 2014, 2019). Komplexe werden gebildet, wenn das Individuum einen schmerzhaften Zusammenstoß mit einer äußeren Anforderung oder einem Erlebnis in der Umgebung erfährt, der als überwältigend erlebt wird, weil keine oder zu wenig fürsorgliche oder wertschätzende Beziehung zur Verfügung stand. Durch diese Konfliktsituationen werden auch angestammte »Familienemotionen« aktiviert, samt den damit verbundenen primären Emotionssystemen. Wir können uns konkret in der Gegenwart wie das ängstlich-besorgte Kind gegenüber einem kritischen Vater fühlen (Kindpol) oder wir können als Erwachsener identifiziert mit dem kritischen Vater sein und über Projektionsmechanismen den anderen kritisieren.

> *Ein männlicher 33-jähriger Patient kommt in die Psychotherapie, weil er an depressiven Verstimmungen leidet (Therapeutin: IM). Es stellt sich auf Nachfragen heraus, dass sein Bedürfnis nach Akzeptanz, Selbstwert und Bindung in seiner Kindheit nicht genügend befriedigt worden war. Heute leidet er an einem depressiven Komplex, der durch eine schroffe Antwort des Vorgesetzten ausgelöst wird, aber auch durch weitere Vorfälle, worauf er Versagensgefühle, Bedrücktheit und Niedergeschlagenheit erlebt, wie auch Schlafprobleme, Appetitmangel und Energielosigkeit. Als Bewältigungsstra-*

tegie gibt er sich abhängig und angepasst. Er fragt stets andere um eine Meinung. Symbolisch sieht er sich als kleines, verlorenes Wesen in einer leeren Wüste, alleingelassen von Vater und Mutter und klammert sich an alle vorbeigehenden Figuren.

Wir versuchen also in der Anfangsphase die Elemente des Komplexes besser zu erfassen, bei einer Selbstwertthematik etwa mit Fragen wie: Wie sehen Gefühle, Gedanken, das Selbstbild aus? Wie schätzt sich der Mensch selbst ein? Depressive Menschen haben oft ein negatives Selbstbild. Sie empfinden sich entweder als dumm, als unwichtig, unwert, nicht gutaussehend, zu dick oder unfähig. Wie reguliert er seinen Selbstwert, wenn narzisstische Kränkungen vorkommen? Reagiert er seiner Meinung nach eher überempfindlich? Gibt es zudem ein soziales Netz, das ihn wertschätzt oder umgibt er sich mit tendenziell distanzierten Menschen, die den Kontakt nicht selbst suchen? Gibt es Erinnerungen an frühere Begebenheiten, bei denen der Selbstwert tangiert war. Wie reagierten Vater und Mutter? Gibt es Träume, die davon handeln? Gibt es ein symbolisches Bild, das ihm in den Sinn kommt?

Die Frage nach dem symbolischen Bild kann bereits in der ersten Sitzung gestellt werden: »Wenn Sie eine Blume wären, was würden Sie sagen, welche könnte es sein?«» Bei einem depressiven Mann lautet die entsprechende Frage manchmal: »Welches Tier wären Sie, wenn Sie so überlegen würden?« Diese Frage ergibt viele Informationen über Diagnose und für die Behandlung.

Eine 32-jährige Klientin sieht auf diese Frage hin eine weiße Calla-Blume (Therapeutin: IM). Durch Nachfragen stellt sich heraus, dass sie damit ihr Ich- Ideal meint. Sie selbst sieht sich als zerdrücktes, kleines Gänseblümchen, das auf einer trockenen Wiese allein am Wegrand steht. Die Calla-Blume befindet sich hingegen in einer Vase in einem Haus. Sie zeichnet die Blume und bringt sie mit. Auf der Zeichnung sieht man deutlich, dass die Blume zu schwer für die Vase ist, sie würde in Realität kippen. In der Arbeit mit diesem Ich-Ideal bemerkt dies die Klientin, dass sie nämlich sehr hohe Erwartungen an sich hat (die das Gänseblümchen niederdrücken), dass die weiße Calla-Blume perfekt sein muss. Die innere Spannung ist sehr groß und eine Zeit lang wird hauptsächlich an diesem Unterschied

> *Real-Ich und Idealbild gearbeitet, indem die Unterschiede wahrgenommen, die Blumen gezeichnet werden und gefragt wird, was die beiden Blumen brauchen. Wie können sie sich näherkommen, damit das Grundbedürfnis nach Anerkennung, Sinn und Geborgenheit besser erfüllt werden kann?*

5.2.4 Einschätzung der Konflikte und der Struktur (nach OPD)

Zunächst möchten wir der Frage nachgehen, wie sich die Komplexe von den Konflikten im OPD-Sinne unterscheiden. Dafür sollen die beiden Begriffe Komplex und Konflikt genauer definiert werden.

Unterschied Komplex und Konflikt

Komplexe setzen auf der phänomenologischen Ebene an. Sie entstehen aufgrund fehlender Erfüllung von Grundbedürfnissen wie Bindung, Selbstwert oder des Sinnbedürfnisses (Meier, 2019). Im Unterschied zur psychoanalytischen Konflikt- und Strukturlehre geht es bei der Analyse des Komplexes zunächst um das Grundbedürfnis, das in der Kindheit nicht erfüllt wurde, dann um den gegenwärtigen Auslöser, die dazugehörenden Gefühle, Gedanken, symbolischen Bilder der Objekt- und Subjektrepräsentanzen sowie um die Bewältigungsstrategien, die der Einzelne wählt, wenn er in einen Komplex »gefallen« ist. Depressive Komplexe zeichnen sich oft dadurch aus, dass das Bindungs- und Selbstwertbedürfnis nicht befriedigt wurden. Daraus ergeben sich spezifische Komplexepisoden, die aus einem Kind- und einem Erwachsenenpol bestehen. Nicht erfüllte Beziehungserfahrungen werden in aktuellen Beziehungen erlebt und projiziert und haben eine symbolische Bedeutung (Kast, 2014; 2019).

Die *Konflikte* (OPD) manifestieren sich im psychoanalytischen Sinne in der inneren Welt der Selbst- und Objektrepräsentationen. Mit anderen Worten, die psychodynamischen Konflikte werden bei sich selbst und in Beziehungen erlebt. Die Konfliktmuster sind unbewusst und zeitlich überdauernd und treten in einem aktiven oder passiven Modus auf. In der aktiven Form dominiert eine kontraphobische, bei der passiven Form eine regressive Verarbeitung. Konflikte und Struktur sind dabei miteinander verwoben. Bei geringerer Struktur dominieren Konfliktschemata, die um Grandiosität und Abwertung kreisen, bei höherem Strukturniveau neurotische Konflikte, bei denen es um die Selbstwertregulation in Beziehungen geht. Der depressive Grundkonflikt ist bei den Psychoanalytikern ein Bindungs- und Anerkennungskonflikt. Gemäß einer empirischen Untersuchung von Rudolf korrelieren die depressiven Konflikte mit dem geringen sowie dem mäßigen Strukturniveau (Rudolf, Grande & Jacobsen, 2004). Generell lässt sich sagen, dass keine Dominanz einzelner Konfliktmuster bei der depressiven Störung nachzuweisen ist, sondern eine Vielzahl zusammenwirken.

Mit explorativen Fragen lassen sich bereits früh einige Vermutungen zu den depressiven Konflikten anstellen. Die psychodynamischen Überlegungen können gegebenenfalls mit dem depressiven Menschen geteilt werden, wenn Interesse vorhanden ist. Wir fragen uns, inwieweit spielen Angst, Scham und Schuldgefühle eine Rolle? Welche unbewussten Konflikte könnten dahinterstehen? Welche Grundbedürfnisse wurden nicht befriedigt? Welche Sinnfragen ergeben sich? Wieweit könnte Angst vor Ärger und Wut vorhanden sein? Welche Hindernisse sind da und welche Schutzmechanismen? Die Fragen sowie die Art der Verarbeitung (aktiv oder passiv) ergeben ein Bild über die Konfliktlandschaft (weiterführende Literatur, siehe Arbeitskreis OPD, 2014). Durch die Exploration der Umstände, der Gefühle und der persönlichen Bedeutung entwickeln wir ein besseres Verständnis für die unbewussten Konflikte und die Psychodynamik, die zentral für die Entstehung der Depression sind.

Die Struktur eines depressiven Menschen lässt sich durch Fragen einschätzen, die aufzeigen, wie gut er seine Impulse regulieren kann, wie gut er den anderen und sich selbst wahrnimmt. Bezieht er alles auf sich und hat kaum eine realistische Objektwahrnehmung? Wie gut kann er über sich nachdenken? Dazu gehören außerdem seine Affekttoleranz und Bindungskompetenzen (siehe Arbeitskreis OPD, 2014) Was davon verursacht, dass der depressive Mensch aktuelle Anforderungen seines

Lebens nicht in der wünschenswerten Weise erfüllen kann? Wie sieht die Alltagsbewältigung aus? Wie gut oder schlecht integriert ist der Mensch (OPD-Strukturachse)? Wie belastbar ist die Ich-Selbst-Achse? Wenn sie wenig belastbar ist, ist eher abwehr- statt konfliktorientiertes therapeutisches Vorgehen indiziert. Ansonsten besteht die Gefahr, den Depressiven zu überschätzen und ungeeignete (z. B. unbewusste Aspekte ansprechende) Behandlungsstrategien anzuwenden. Das heißt konkretes Nachfragen: Wie meinen sie das genau? Was ist genau geschehen? Wie haben Sie dabei gefühlt? Was hat der andere gesagt? Um eine Ahnung bezüglich seiner Selbst- und Objektwahrnehmung und -differenzierung zu erhalten.

Der Klient, ein 43-jähriger Mann, klagt im Erstgespräch über Erschöpfungsgefühle, er habe sich in den letzten Jahren übermäßig in einer Bank engagiert und sich heraufgearbeitet, aber jetzt passe nichts mehr (Therapeutin: IM). Er habe keine Freude und keinen Antrieb mehr, er müsse sich jeden Morgen aufraffen, um an die Arbeit zu gehen. Im Kontakt wirkt er emotional mäßig schwingungsfähig, er wirkt eher müde, gedrückt und kontrolliert. Stellenweise sind jedoch Humor und Ironie über sich selbst spürbar. Seine Introspektions- und Reflexionsfähigkeiten sind überdurchschnittlich. Als Grund für seine Erschöpfungszustände, (leichte depressive Episode F32.0), gibt er einerseits das Ausmaß seiner Arbeitslast an und andererseits, dass er selbstbestimmt und kreativ arbeiten möchte. Das gehe in dieser Bank nicht. Auch müsste er mit über 20 Jahren Berufserfahrung noch einen Anfängerkurs absolvieren, was seine Kollegen anstandslos täten, um das entsprechende Zertifikat zu erhalten, aber er könne das nicht mehr. Er habe immer auf Leistung gesetzt, nicht auf Machtspiele und Unterwerfungsrituale, aber jetzt müsste er solche anwenden. Sein Problem sei außerdem, dass er nicht nein sagen könne, er sei zu harmoniebedürftig und Konflikte zu führen, sei nicht sein Ding.

Sein Strukturniveau ist gut, er kann gut über sich nachdenken, sich regulieren, Bindung aufnehmen und sieht sich und die anderen in einer differenzierten Art und Weise. Psychodynamisch kann man von einem Konflikt »Individuation versus Abhängigkeit« sprechen, seine aggressiven Anteile sind im Schatten verborgen. Im Sinne der finalen Sichtweise von Jung können wir einen Sinnverlust erahnen, weil er spürt, dass ihn die äußere Anpassung über Leistung nicht mehr motivieren kann, sondern die innere Anpassung an Forderungen des Selbst, nämlich Anima (Kreativität) und Animus (Autonomie) zu entwickeln, ansteht. Wie Jung und Ute Dieckmann immer wieder betonten, muss er dafür aber ein Opfer bringen. In seinem Fall sind es die Harmonievorstellungen, dass er nicht immer perfekte Arbeit abgibt, sondern konfliktfähiger wird.

Bereits in der ersten Stunde spreche ich diese Konfliktfähigkeit und sein Bedürfnis nach mehr Selbstbestimmung und Kreativität an. Er steigt darauf ein, er ist interessiert an einer therapeutischen Hilfe. Er habe bereits einen Coach konsultiert, dieser habe ihm sicher einige hilfreiche Tipps geben können wie Arbeits- und Freizeitleben klarer voneinander zu trennen, aber richtig in die Tiefe sei dieser nicht gegangen. Die Übertragung ist positiv, der Klient ist interessiert an sich zu arbeiten und nach innen zu schauen.

5.2.5 Final-prospektiver Aspekt, Stärken und Ressourcen

Neben der anamnestischen Arbeit, den Symptomen, Konflikten und Komplexen dürfen die Stärken, Ressourcen sowie das ungelebte Leben eines depressiven Menschen nicht in Vergessenheit geraten. Auch diese gilt es aktiv zu erfragen und die Aufmerksamkeit darauf zu lenken, weil sie in einem depressiven Selbst-, Welt- und Zukunftsbild keinen Platz haben. Was verhindert er, wie möchte er eigentlich leben? Wo liegen die ungelebten Bereiche seines Lebens? Was möchte er implizit verwirklichen? Auch bietet die symbolische Arbeit der Jungianer/innen eine ausgezeichnete Methode, um diese Fragen zu beantworten. Genau so lassen sich seine Ressourcen erfragen, die dem depressiven Menschen oft nicht bewusst sind). Der Arbeitskreis OPD (2014) hat im Übrigen die Frage der Ressourcen neu in sein Manual aufgenommen, da diesem Bereich früher zu wenig Bedeutung zugemessen wurde.

Mögliche Fragen an depressive Menschen, die äußere und innere Ressourcen betreffen:

- Gibt es Beziehungen, die Ihnen Stärke, Vertrauen und Anerkennung vermitteln (Partner, Eltern, Geschwister, Freunde, Freundinnen)?

- Gibt es Erlebnisse in der Natur, die bei Ihnen Geborgenheit und Wohlbefinden auslösen?
- Oder erleben Sie das mit Musik?
- Oder im Hobby?
- Oder beim Sport?
- Ist Ihre Arbeit so interessant, dass sie eine Ressource darstellt?
- Wie erleben Sie Ihre Wohnung? Fühlen sie sich dort wohl und geborgen?
- Gibt es Sehnsuchtsbilder, die inneren Frieden auslösen können?
- Welches sind Ihre positiven Eigenschaften?
- Welche Talente wurden Ihnen in Kindheit und Jugend zugeschrieben?
- Mit welchen Menschen in Ihrer Biographie verknüpfen Sie positive Erinnerungen (z. B. mit Großeltern oder Nachbarn)?
- Welche kreativen und spielerischen Eigenschaften könnten in Ihnen schlummern?

5.2.6 Aufbau therapeutische Beziehung und Arbeitsbündnis

Eine jungianische Psychotherapie legt großen Wert auf die Herstellung eines emotionalen Kontaktes und auf den Beziehungsaspekt der Therapie, die nach dem Prinzip Dialog und Antwort funktioniert (Braun & Otscheret, 2005, Braun, 2016). Viele depressive Menschen sind zu Beginn der Behandlung eher skeptisch und der Behandlung gegenüber kritisch eingestellt. Einige engagieren sich zwar auch bereitwillig, aber bei manchen spürt man zuweilen die Haltung: »Hilf mir! – Hilf mir ja nicht!« oder »Bitte kränke mich nicht, dass ich Hilfe brauche!«. Oder: »Hilf mir, aber lass mich so wie ich bin, ich möchte mich nicht verändern!« Mit diesen Anfangsschwierigkeiten in der Übertragung müssen wir rechnen. Gerade ein depressiver Mensch hat häufig das Grundvertrauen oder den Glauben an eine höhere Macht verloren, er fühlt sich alleingelassen und lässt sich zu Beginn einer Therapie manchmal nur langsam ein. Wenn wir uns ruhig, offen und feinfühlig geben, haben wir größere Möglichkeiten, allmählich eine therapeutische Beziehung herzustellen. Wenn wir uns bereit erklären, die Sorgen und Nöte des Gegenübers zu diskutieren, fördert dies das Arbeitsbündnis. Das braucht Geduld und das Aushalten einer Zeit, in der nicht viel geschieht, und das depressive Symptom nicht verschwindet. Trotzdem ist es wichtig, den depressiven Menschen zu ermutigen, dabei zu bleiben.

Bei einem höheren Strukturniveau können wir ihm seine inneren Konflikte aufzeigen und gleichzeitig versichern, dass wir beide Seiten des Konfliktes (»Hilf mir – Hilf mir ja nicht!«) akzeptieren können. Bei manchen wird damit die Neugier und das Interesse geweckt und sie wollen mehr über die inneren Mechanismen wissen, gerade weil sie aus der allgegenwärtigen Hilflosigkeit und Unsicherheit herauskommen wollen.

In der Gegenübertragung werden wir aber öfters mit der Hilfs- und Hoffnungslosigkeit des depressiven Menschen konfrontiert, mit den selbstdestruktiven Impulsen, mit der unbewussten Abwehr, sodass die Frage auftauchen kann: Soll ich diese Person nehmen? Gibt es die Möglichkeit eines Behandlungsfortschrittes und eine Heilungschance oder geht es einfach um Stabilisierung? Vielleicht bemerken wir bei uns, dass wir den depressiven Menschen schonen möchten und schwierige Themen vermeiden, aber das ist eine Auswirkung des depressiven Verhaltens und für eine Therapie längerfristig nicht sinnvoll.

In der ersten Phase der Behandlung teilen wir dem depressiven Menschen die Vorgehensweise der gemeinsamen Arbeit mit, zum Beispiel, dass die Arbeit mit Symbolen, Träumen, Bildern wirksam ist, dass es aber nicht nötig sei zu träumen, bildern und zu zeichnen, sodass sich der Patient oder die Patientin nicht überfordert fühlt. Wenn die Therapie fortschreitet, erweist es sich meistens, dass Symbole, Bilder oder Träume von allein kommen.

Wenn eine emotionale Kommunikation mit dem Gegenüber nicht gelingt (z. B. bei einer schweren Depression), heißt das aber nicht, dass eine jungianische Therapie nicht möglich wäre. Es heißt einfach, dass das strukturelle Niveau des Patienten niedrig ist und wir uns eine andere Herangehensweise überlegen müssen, also nicht psychodynamische Hypothesen und den Zugang zum Selbst und zum Unbewussten in den Vordergrund stellen, sondern die Arbeit an den Ich-Funktionen und die Arbeit an den Differenzierungen von Objekt- und Subjektwahrnehmungen, an der Regulation der Affekte etc. (OPD-Struktur). Wir können uns überlegen, ob wir uns diesen Aufgaben stellen wollen, weil sie zunächst doch ein anderes Schwergewicht in der Therapie bilden, bis die Ich-Funktionen stärker ausgebildet sind und die Analyse beginnen kann. Die Behandlung ist weniger von der Arbeit an inneren Bildern und Symbolen geprägt, sondern muss sich verstärkt der Außenwelt, der Alltagsbewältigung, der Realitätsprüfung, der Bindung sowie der Differenzierung der Affekte, Objekte und der Subjekte zuwenden. Bei schwer gestörten Menschen ist dies meistens der Fall und dann gilt die These, dass zunächst die analytische Arbeit in den Hintergrund rückt, bis sich der Alltag des depressiven Menschen in einer stabilen Situation befindet. Dazu sind supportive Interventionen nötig, die sich stärker auf das Verstehen der Zusammenhänge, auf aktiv strukturierendes Vorgehen und auf Alltagsbewältigung und dafür weniger auf die Konfliktbearbeitung zentrieren (Arbeitskreis OPD, 2014).

5.3 Mittlere Phase

5.3.1 Alltagsbewältigung und Verbesserung struktureller Defizite

Die Arbeit besteht nun darin, das zu machen, was geht. Ehrgeizige therapeutische Ziele zu haben, wäre verfehlt. Die depressiven Menschen brauchen in erster Linie Struktur, Sicherheit, Wertschätzung und möchten auch etwas lernen, um aus ihrer Situation herauszukommen. Vergessen wir nicht: Das Schaffen einer sicheren Umgebung und einer sicheren therapeutischen Beziehung erlaubt es, dass die Selbstheilungskräfte des depressiven Menschen aktiviert werden können. Vergessen wir auch nicht, dass es darum geht, depressive Gefühle in der Gegenübertragung zu halten, auszuhalten und zulassen zu können.

In der mittleren Phase der Behandlung von depressiven Menschen steht wiederum zunächst die Alltagsbewältigung und die Verbesserung vorhandener struktureller Defizite im Vordergrund. Solange sich ein

Mensch schwer tut mit der Differenzierung, Regulierung oder überhaupt der Wahrnehmung der inneren und äußeren Welt, was bei chronisch depressiven Menschen der Fall ist, hat es wenig Sinn sich dem Unbewussten und dem Selbst zuzuwenden.

Es geht jetzt darum, den depressiven Menschen ernst zu nehmen, wenn er z. B. über Isolation klagt und niemanden hat, mit dem er sprechen kann. Da ist es sinnvoll, mit ihm die Möglichkeiten durchzugehen, wie er Abhilfe schaffen kann oder ob die Frage eines Antidepressivums mit einem Psychiater besprochen werden sollte. Auch die Gefahr eines möglichen Suizides ist ein wichtiges Thema (siehe »besondere Probleme«). Chronisch depressive Menschen leiden an Vorstellungen und Komplexen, die ihnen unerträgliche Gefühle von Verzweiflung, Hoffnungslosigkeit bescheren, die es ihnen schwermachen, am Alltag teilzunehmen.

Wenn die Fähigkeit ansteigt, über die eigenen Gefühle, über das eigene Selbstbild, über Impulse zu sprechen und wenn verschiedene Gefühle wahrgenommen, ohne gleich impulsiv ausagiert zu werden, steigt die Fähigkeit sich und die anderen besser zu unterscheiden, nach innen schauen zu können und flexiblere Schutzmechanismen anzuwenden. Das wird über ein zunehmendes Bewusstwerden über sich und die anderen erreicht. Das Gefäß des »Ich« sollte mehr oder weniger stabil sein, bevor man sich dem »Selbst« zuwenden kann. Doch wie geht das konkret vor sich?

5.3.2 Depressive Komplexe bearbeiten

Das wesentliche Merkmal der Depressiven ist der depressive Komplex, der Mechanismen der verzerrten Wahrnehmung (Kast: »Komplexbrille«), des Fühlens (z. B. Gefühl der Minderwertigkeit), des Denkens (z. B. Idealisierung der anderen), des Selbstbildes (z. B. perfektionistisches Selbstbild) und des Verhaltens (z. B. passives, unterschwellig aggressives Verhalten) betrifft. Deshalb wird dieser Komplex immer wieder durchgearbeitet: Wie ist er entstanden, wie könnte die Wahrnehmung realistischer werden, wie wirkt er sich in Beziehungen zum Partner, zur Familie, am Arbeitsplatz, im Selbsterleben, in Träumen aus? Wo taucht er auf, wo nicht? Welche Bereiche der Psyche können dadurch nicht gelebt werden? Wie sieht der Kindpol- und der Erwachsenenpol aus (Kast, 2014)? Wir können uns wie das unsichere Kind gegenüber einer abwertenden Mutter fühlen oder wir können als Erwachsener identifiziert mit der abwertenden Mutter sein und über Projektionsmechanismen den anderen kritisieren.

Augenfällig beim depressiven Komplex ist die Neigung zu Idealisierungen bzw. Entwertungen der anderen Person (Projektionen) und die Neigung zu perfektionistischen Vorstellungen über sich selber. Unbewusst wird viel Energie in diesen Prozess gelegt, auch wir können davon betroffen sein. Es ist ein Fortschritt, wenn diese Vorgänge bewusst werden und Projektionen zurückgenommen werden, damit die andere Person realistischer gesehen wird. Dabei hilft die Stärkung der Selbstliebe, die mit Ressourcenarbeit und Symbolarbeit (▶ Kap. 6 Techniken und Methoden) gefördert wird, sodass diese Neigungen schwächer werden.

Emotionen wahrnehmen

Die Emotionen sind bei Depressiven oft nur schwach ausgeprägt, einige empfinden sich dauernd enttäuscht und fühlen sich von geliebten, aber idealisierten Menschen nicht wahrgenommen. Gefühle wie Scham, Trauer, Ärger, Neid und Eifersucht können vorsichtig exploriert werden. Es geht darum, dem depressiven Menschen zu helfen, die inneren Zustände, Gefühle oder Impulse zu artikulieren und nachzufragen, wie diese mit den Fantasien und dem Denken unbewusst verknüpft werden, damit nicht alles in einem diffusen Grau verschwindet. Dabei ist es wichtig, die Gefühle wertzuschätzen, auch wenn sie nicht adäquat erscheinen. Wenn das Ich bereits genügend stark ist, entsteht die Fähigkeit impulsives Handeln aufzuschieben und durch das Denken und Reflektieren über sich selbst zu ersetzen. Die Verknüpfung mit Ereignissen in den sozialen Beziehungen kann wertvolle Hinweise auf die emotionale Reaktion liefern. Auch Trauerarbeit, aufgrund unbearbeiteter Verlusterfahrungen kann nachgeholt werden. Nicht richtig trauern zu können, sieht Kleespies als eine wichtige Ursache von Depressionen (Kleespies, 1998). Die Trauer über Trennungserfahrungen ist schmerzhaft und sie zu explorieren und zuzulassen, ist eine Aufgabe in der Therapie. Das ist nicht einfach, weil man Gefühle der Ohnmacht und der Hilflosigkeit aushalten muss. Weiter fehlt Empathie für sich, auch dieses Gefühl lässt sich mit einer symbolischen Nachreifung fördern.

Schattenarbeit

Bei vielen Depressiven ist der Schatten aufgebläht und die Ich-Funktionen schwach. Unentwickelte und verdrängte Anteile der Persönlichkeit sind im Schatten unbewusst geworden und lassen das Ich energetisch schwach und dünnhäutig zurück. Ärger, Wut, Neid, allgemein Aggressionen sind beim depressiven Menschen nach innen gerichtet. Aggressionen werden als schädigend erlebt, weil Angst da ist, den anderen zu verlieren, wenn man sich autonom verhält. Manche zeigen eine Dünnhäutigkeit, die dazu führt, dass sie sich zu stark für andere einsetzen, deren schlechte Stimmung mitfühlen und zu rücksichtsvoll werden, was sie energetisch auslaugt. Im Unbewussten bauen sich dadurch destruktive Kräfte auf, die sich in verschlingenden Aspekten zeigen. Das zeigt folgender Traum eines Patienten von Kleespies:

> *»Ich war am Meer. Ich sah, wie ein Killerwal plötzlich an Land kam und eine Antilope riss und sie fraß. Ich konnte alles an einem Radarschirm verfolgen. Er griff dann eine Schwimmerin an und riss ihr beide Beine ab. Ich erklärte mich gegenüber den umstehenden Menschen bereit, einen Arzt zu holen. Ich ging daraufhin in die nahegelegene Stadt. Das alles dauerte aber unheimlich lange. Als ich zurückkam, wurde ich von der Gruppe geschnitten, als seien sie mir böse.«* (Kleespies, 1998, S. 160)

Kleespies erzählt, dass sein Patient zu dieser Zeit eine neue Beziehung zu einer Frau aufgenommen hatte. Mit der Zeit begann diese an ihm herumzunörgeln, weil sie innerlich mit einer früheren Beziehung noch nicht abgeschlossen hatte. Er konnte sich nicht richtig zur Wehr setzen, sondern litt deswegen an depressiven Verlustängsten und Verstimmungszuständen. Ihr Verhalten aktivierte erneut Symptome, die er seit Kindheit kannte. Früh musste er lernen, ja nicht verbal aggressiv zu sein und schon gar nicht etwas für sich zu fordern und sich durchzusetzen, sondern brav und angepasst zu sein. Kleespies schreibt, dass der Patient im Alltag bereits ein schlechtes Gewissen hatte, wenn es darum ging, sich etwas zu gönnen. Die Freundin erlebte ihn daher als passiv und wortkarg und begann ihn zu kritisieren. Aus dem Unbewussten tauchte jetzt ein archaischer, destruktiver Impuls auf, was den Patienten erschreckte. Zum Wal assoziierte er, dass er eigentlich ein freundliches, mütterliches Tier sei, das praktisch nie an Land ging. Im Traum traten nun andere gefährliche Seiten hervor, der Wal verhielt sich nämlich wie ein Hai. »Hier fiel ihm seine Mutter ein. Sie war keineswegs nur kontrolliert und bescheiden, sondern konnte auch recht stark und aggressiv sein. Auch seine Freundin konnte sehr ›bissig‹ sein. So vereint das Symbol des Wals verschiedene Aspekte in sich, wie es für die Traumsymbole typisch ist. Der Wal verkörpert einen Aggressionskomplex, mit der Bedeutung, sich etwas geradezu räuberisch zu holen, aber auch etwas aggressiv zu zerstören. Dieser Komplex war sowohl der Mutter als auch meinem Patienten zuzuordnen. Das Symbol des Wales hatte, anders ausgedrückt, sowohl eine subjektstufige Bedeutung (›der Wal in mir‹) als auch eine objektstufige Bedeutung (›der Wal draußen‹)«. (Kleespies, 1998, S. 162)

Diese Zusammenhänge deckte Kleespies dem Klienten auf und besprach mit ihm die verschiedenen Bedeutungszusammenhänge, damit die unbewussten Vorgänge bewusster werden konnten. Als Wal war der Aggressionskomplex noch ganz im Unbewussten verhaftet gewesen. Der Patient war über die Möglichkeit, dass in seinem Unbewussten ein gefährlicher Killerwal vorhanden war, zunächst beunruhigt. In den Augen der Mutter, die ihn zu einem braven Buben in Abwesenheit des Vaters erziehen wollte, waren seine Impulse zerstörerisch und »schlimm«. Erst mit der Zeit begann er sich mithilfe der Analyse mit diesen Schattenseiten auseinanderzusetzen, sodass sie besser integriert werden konnten.

Da es depressiven Menschen schwer fällt, Aggressionen gegen andere zu richten, kann hier Symbol-, Traum und imaginative Arbeit eingesetzt werden (▶ Kap. 6), damit Autonomie, Selbstakzeptanz und Abgrenzungsfähigkeiten des depressiven Menschen anwachsen können. Gut ist, wenn er mit Aggression gegen seine destruktiven Seiten vorgehen kann, wie das Verena Kast am Beispiel des Blaubart-Märchens aufzeigt (Kast, 1998b). Auch die Erfahrung eine eigene Meinung zu äußern, überhaupt sich eine eigene Meinung zuzugestehen, verringert die unterschwellige Aggression gegen sich selbst. »Was meinen Sie dazu? Was ist Ihre Meinung?«, können entsprechende Fragen sein, die das Ich stärken. Verena

Kast erwähnt die Identifikation mit Vorbildern, die gut mit Wut und Ärger umgehen können und zeigen, wie man offen Konflikte austrägt, sodass der Umgang mit Aggressionen konstruktiv wird (Kast, 1998a).

Arbeit an innerem Kritiker und Idealisierungstendenzen

Der depressive Mensch neigt zum Perfektionismus, zur Korrektheit, zu Neigungen, keinen Fehler zu machen und makellos dazustehen. Auf die Frage, welche Instanz das von ihnen fordert, sagen depressive Menschen oft, das seien sie selber. Erst mit der Zeit und mit häufigem Wiederholen der Frage ist es möglich, ein symbolisches Bild des inneren Kritikers zu imaginieren. Dieser ist nicht selten mit den Elternimagos (Identifikation mit dem Erwachsenenpol) oder mit den symbolischen Eltern verbunden, wenn diese abwesend waren. Gerade im letzteren Fall ist der innere Kritiker archaisch, hart, unversöhnlich und unbarmherzig. Wenn die innere Figur symbolhaft dargestellt werden kann (Frage: Wie würde denn eine solche Figur als Bild, als Figur, als Gestalt aussehen?), kann in einen Dialog und in eine Auseinandersetzung mit ihr eingetreten werden. Etwa mit Fragen: Was will ich ihr sagen? Was will sie mir sagen? Können wir uns einigen und einen Kompromiss erzielen oder bleibt er unversöhnlich? Bei fordernden inneren Kritikern gilt es, Stopp zu sagen, sie wegzuschicken, einzusperren etc., damit sich die überhöhten Anforderungen abschwächen können.

Gleichzeitig werden andere idealisiert, depressive Menschen erwarten aufgrund ihres inneren Kritikers zu wenig von anderen und zu viel von sich selber. Das überfordert sie, und führt zu einer fehlenden Selbstachtung und Selbstliebe. Diese Fantasien können bewusst gemacht werden wie auch die Kosten einer altruistischen Haltung, bei der die eigenen Bedürfnisse zu kurz kommen, was zu Erschöpfung, schlechter Laune, Enttäuschung und Schuldgefühlen führt. Diese Teufelskreise lassen sich gut spiegeln und mit dem depressiven Menschen so bearbeiten, dass er sich nicht reflexhaft in jede nächste Überforderungssituation stürzt. Bei Schuldgefühlen geht es darum, sie als einen Teil von sich akzeptieren zu lernen, statt sich darüber zu beklagen und ferner darüber nachzudenken, wo genau die Verantwortung liegen könnte (vgl. Kast, 1998a). Schuldgefühle und die Idealisierung von anderen kann als Schutz und

Abwehr thematisiert werden, um nicht eigene Wünsche wahrzunehmen und sich zu erfüllen. Depressive Menschen haben Mühe das Wagnis aufzunehmen, ihre eigenen Wünsche einzubringen.

Körperwahrnehmung

Wie erlebt der depressive Mensch seinen Zustand körperlich? Fragen helfen, die Körperwahrnehmung zu verbessern und herauszufinden, in welcher Art und Weise der Körper betroffen ist. Depressive Menschen leiden oft an einer emotionalen Daueranspannung, die sich auch auf den Körper auswirkt. Mit solchen Fragen lernen sie, sich auf den Körper zu konzentrieren, der in der Depression oft vergessen gerät. Sich körperlich zu bewegen ist eine weitere Möglichkeit für den Depressiven, die innere Körperspannung abzubauen.

Beziehungen

Die Wahrnehmung, wie die depressiven Symptome und depressiven Gefühle mit zwischenmenschlichen Beziehungen zusammenhängen, hilft die Depression besser zu umkreisen. Es geht darum, einen Zusammenhang zwischen Gefühlen, Symptomen und zwischenmenschlichen Beziehungen herzustellen. Wie bereits mehrfach beschrieben, ist die Beziehung zur Mutter oder einer anderen wichtigen Bezugsperson ambivalent, das heißt, diese wird zu ideal gesehen, um Enttäuschungen zu vermeiden, aber dafür muss man sich sehr anstrengen und bezahlt mit Verlustängsten. Das Ziel ist deshalb ein realistisches Bild des anderen zu entwickeln, und die daraus entstehende Verlassenheit und Hilflosigkeit aushalten zu lernen. Auf der anderen Seite ist das tief verwurzelte Bedürfnis nach einer sicheren Bindung vorhanden und kann mit Symbolarbeit und Imaginationen nachgereift werden.

> *Frau A., eine 40-jährige Frau, passte sich immer an und gab sich die Schuld, wenn etwas schief ging. Allgemein kümmerte sie sich eher um andere als um sich selbst, so um ihre 65-jährige Mutter, die das aber nicht immer guthieß. Frau A. erlebte oft, dass sie sich von anderen im Stich gelassen fühlte oder ignoriert wurde oder dass man sie nicht verstand. In der Gegenüber-*

tragung spürte ich einerseits ihre Anpassung an die Therapie, aber auch die Selbstentwertung (Therapeutin: IM). Gleichzeitig stellte sie Ansprüche an sich und an die Therapie und bedrängte mich unbewusst. Ihr Beziehungsverhalten war ambivalent, sowohl in der Therapie wie auch ihrem Partner gegenüber. Einerseits bedrängte sie ihn, nicht mehr ins Fitness-Studio zu gehen, weil er dort krank werden könnte. Als er sich ihr mit guten Gründen widersetzte, war sie enttäuscht und zog sich von ihm zurück. Sie fühlte sich von ihm zu wenig beachtet, fühlte sich aber auch schuldig, dass sie ihn bedrängt hatte. Diese Dynamik, unaufgefordert für andere Verantwortung zu übernehmen und deren Meinung nicht zu akzeptieren, ließ sich mit ihr gut besprechen und sie begann, sich bewusster mit ihrem Verhalten auseinanderzusetzen.

Auslöser

Schließlich hilft es, wenn wir zusammen mit dem depressiven Menschen untersuchen, welche Faktoren in der Außen- oder Innenwelt die depressiven Symptome auslösen. Zunächst reagiert oft nur der Körper, und erst wenn die Symptome mit dem Erleben von Ereignissen in Zusammenhang gebracht werden, wird ersichtlich, wodurch die Depression ausgelöst wird. Dies gelingt mit Fragen wie: Wann traten die Verzweiflung und Hoffnungslosigkeit genau auf?

5.3.3 Die therapeutische Beziehung

Im Umgang mit depressiven Menschen heißt es feinfühlig, hoffnungsvoll und wertschätzend zu sein und mit aktivem Nachfragen die Differenzierung der Gefühle, der Gedanken und des Handelns zu fördern. Damit sind Fragen gemeint wie: Können Sie mir das genauer beschreiben? Ich möchte das verstehen. Wie und wo erleben Sie das im Körper? Welches Bild fällt Ihnen dazu ein, wenn Sie ein symbolisches Bild dafür finden müssten? Was hat Ihnen in früheren Situationen geholfen? Der depressive Mensch hat oft ein eingeengtes Bild von sich, den anderen und der Welt. Wir sollten ihn bei äußeren Hindernissen und Schwierigkeiten unterstützen und ihn ermutigen, aktiver und selbstwirksamer zu sein, damit er seine Beziehungsmuster und depressiven Komplexe erkennt und ihnen nicht mehr ohnmächtig ausgeliefert ist, sondern vorher Gegensteuer gibt, bevor er in den Komplex fällt.

Gerade bei Menschen mit Selbstwertstörungen kann die Psychotherapie lange dauern, da sich die Minderwertigkeitsgefühle festgesetzt haben. Menschen mit Bindungsstörungen wiederum brauchen den aktiven Therapeuten, damit sie sich wieder im Leben zurechtfinden können (Huber & Klug, 2005). Eine erste Beruhigung tritt bereits ein, wenn jemand den depressiven Menschen genau zuhört, ihnen Zeit und einen Raum widmet, denn was sie immer wieder erlebt haben, ist eine emotionale Vernachlässigung. Wir dürfen das nicht unterschätzen. Auch wenn man lange das Gefühl hat, es bewegt sich beim depressiven Menschen nichts, so steigt seine Fähigkeit der Introspektion, des Nachdenkens über sich selber an, wenn wir weiter interessiert bleiben und Fragen nach seinem Befinden etc. stellen ohne überengagiert oder distanziert zu wirken. Unser Angebot ist als Hilfs-Ich zu verstehen, als zuverlässiges Gegenüber, das dem depressiven Menschen dabei hilft, seine Gefühle besser wahrzunehmen, differenzieren und besser aushalten zu können und Bedürfnisse mittels Symbolarbeit und Imaginationen teilweise erfüllen zu können.

Für den Depressiven, insbesondere den chronisch Depressiven, gibt es oft nur den dunklen Tunnel. Der Weg aus diesem dunklen Tunnel ist, dem depressiven Menschen zuzuhören, präsent zu sein und Hoffnung aufzuzeigen; auch immer wieder Distanz zum Erlebten zu schaffen und versuchsweise neue Gedanken hineinzutragen. In einem dunklen Tunnel gibt es weder eine Vergangenheit noch Zukunft und hier kann die therapeutische Arbeit ansetzen, indem wir auf die Möglichkeit eines Lichtes am Ende des Tunnels hinweisen. Das ist besser als die gegenwärtige depressive Erfahrung zu verstärken. Die Betroffenen haben ein eingeengtes Blickfeld, sie sehen nur schwarz, und es ist unsere Aufgabe auf die mögliche Buntheit hinzuweisen und auf das, was es auch noch gibt.

> *Eine depressive Klientin antwortet auf meine Frage nach einem Symbolbild der Blume, dass sie Mohnblumen liebe (Therapeutin: IM). Sie sei immer wieder fasziniert, wenn sie diese auf einem Feld antreffe, sie habe sie zu tausenden fotografiert. Sie kommt ins Schwärmen, wenn sie darüber er-*

zählt und ist in einer gänzlich anderen Stimmung: heiter, beglückt und freudig. Auf meine Bitte malt sie dieses Mohnblumenbild, es begleitet uns während der Therapie als Lichtblick im Dunkeln. Sie erlebt beim Betrachten Frieden und Harmonie. Die Blumen stellen keine Anforderungen an sie, sie sind einfach da und eine Ressource in ihrem schwierigen Dasein.

Depressive Menschen richten wie erwähnt Gefühle wie Wut oder Kritik, die sie an ihre Umgebung richten müssten, gegen sich selbst. Die Aufgabe von uns ist es, ihnen in kleinen Schritten zu helfen, die Energie, die sie in sich spüren, zu verbalisieren. Es ist wichtig, selbst nur kleine Schritte zu würdigen, bei denen sie Energie für eine Handlung mobilisieren. Damit ist etwa ein interpersoneller Kontakt gemeint, zum Beispiel, wenn sie einer anderen Person direkt in die Augen sehen oder ihre Meinung äußern. Wir helfen ihnen dabei, dass ihnen der Prozess bewusst wird und sie wieder handlungsfähiger werden. Der depressive Mensch muss lernen, wie er sich anders als durch Isolation schützen kann und wie er sich in einem sozialen Umfeld besser zu äußern vermag. Unsere Arbeit ist es, seinen starren Beziehungsstil aufzuweichen und ihm behilflich zu sein, nicht alles nach innen, sondern einen Teil auch nach außen zu lenken. Geben wir ihm und uns Zeit dafür!

5.3.4 Beispiele von Übertragung/Gegenübertragung

Die Therapie mit einem depressiven Menschen besteht darin, ihn »in sich hausen« zu lassen (Roman Lesmeister), ihm einen inneren Raum bereitzustellen, um ihn vor seinen destruktiven Anteilen zu schützen. Das wird durch verschiedene Übertragungsbereitschaften im unbewussten Bereich des depressiven Menschen erschwert. Im Folgenden stellen wir einige Beispiele von möglichen Übertragungen und Gegenübertragungsreaktionen vor und wie damit umgegangen werden kann. Die Liste ist nicht abschließend, sondern gibt erste Hinweise, außerdem überschneiden sich die einzelnen Übertragungsbereitschaften teilweise.

Negative Übertragung

Die Arbeit mit depressiven Menschen kann schwierig und anstrengend sein. Gefühle wie Ärger, Mitgefühl, Hilflosigkeit oder ähnliches können in uns aufkommen, die wir beachten sollten. Gleichzeitig sollten wir trotzdem feinfühlig bleiben. Einerseits müssen wir den depressiven Menschen vor seiner Negativität schützen, andererseits müssen wir die Gefühle der Hilflosigkeit und Hoffnungslosigkeit aushalten können. Die Gegenübertragung kann aversiv und widersprüchlich werden, dann, wenn wir den depressiven Menschen verstehen wollen, dieser aber subtil oder offen ein ablehnendes Verhalten zeigt, indem er z. B. immer wieder die Therapie in Frage stellt und sich permanent über alles beklagt.

> *In der ersten Behandlungsphase fragt eine Klientin misstrauisch, was ihr die Therapie bringen soll. Sie glaubt, wie es sich auf Nachfragen herausstellt, dass ich ihr nicht glaube und dass ich sie nicht verstehen könne (Therapeutin: IM). Ich bleibe geduldig und frage nach. Ihr Thema ist, dass sie ein altruistisches Verhalten anderen gegenüber zeigt und in der Folge oft erschöpft ist. Meine Gefühle der Gegenübertragung wechseln zwischen mütterlicher Fürsorge und Ermüdung bis hin zu Ärger über die Starr- und Sturheit der Klientin. Ihr Widerstand, so lässt sich mit der Zeit aufzeigen, ist mit der Angst vor Verlusterfahrungen verknüpft. Jeden Verlust setzt sie mit Tod gleich, womit sie Verluste komplexhaft erfährt. Tatsächlich musste sie in der Kindheit den Tod von wichtigen Bezugserfahrungen erleben, was unbewusst bis in die Gegenwart nachwirkt, sodass sie kleine Verlusterfahrungen übertrieben und verzerrt wahrnimmt. In den Mittelpunkt der Behandlung rückt zunächst Ressourcenaktivierung, dann die Arbeit am Verlustkomplex.*

In vielen Fällen hat es sich als wertvoll gezeigt, wenn ein bestimmter Problembereich ausgewählt wird, z. B. ein altruistisches Beziehungsmuster oder das Verhältnis von Körper und Gefühlen. Das entlastet sowohl uns als auch den depressiven Menschen. Ansonsten werden beide vom Negativen überwältigt.

> *Die Patientin schildert zu Beginn der Sitzung Krämpfe in Beinen, sie hoffe, sie habe nichts Ernsthaftes (Therapeutin: IM). Sie klagt, sie leide an ei-*

nem Schwächegefühl, sie möchte am liebsten liegen bleiben und sich nicht mehr bewegen, nicht einmal mehr Zähneputzen. Sie werde als Mutter ihrer bald erwachsenen Kinder weniger gebraucht, von ihrem Mann habe sie sich getrennt, sie werde jetzt auf sich selbst zurückgeworfen und fühle sich nutzlos, kraftlos und hoffnungslos. Ob ihr eine Therapie helfe, wisse sie nicht. Sie möchte eine Aufgabe im Leben, sie sei arbeitslos und erhalte Absage um Absage bei der Stellensuche. Es sei eine Kränkung für sie, wieder neu zu beginnen, sie habe das Gefühl, alles sei zusammengebrochen. Ich realisiere in der Gegenübertragung, dass ich von all den Problemen überwältigt werde. So fokussiere ich auf ihre Beine und frage genauer nach. Wie erlebt sie die Beine, wie die Füße? Wie steht sie auf dem Boden, wie spürt sie die Schuhe? Wenn sie schwere Schuhe anhätte, wie wäre das? Nach der Stunde kaufte sie sich stabile Schuhe und erzählt später, das habe ihr sehr geholfen, sie habe sich vorher so luftig empfunden und neue Schuhe hätte sie schon lange kaufen wollen. Es sei ein gutes Gefühl gewesen, wieder etwas bewirken zu können.

Idealisierende Übertragung

Ein weiterer Aspekt von Übertragung/Gegenübertragung ist die Idealisierung des Therapeuten oder der Therapeutin, dem der Jungianer Warren Steinberg nachgegangen ist (Steinberg, 1984). Der depressive Mensch idealisiert den Analytiker aus einer Reihe von Gründen, von denen einer das Bedürfnis des Patienten ist, mit einem wertvollen Anderen assoziiert zu werden. Durch die Assoziation werden die eigenen Gefühle der Wertlosigkeit des Patienten gemildert. Ein weiterer Grund ist das Bedürfnis, sich gegen Gefühle der Aggression gegenüber dem Analytiker zu wehren. Ein dritter Grund ist das Gefühl der Hilflosigkeit. Der Patient braucht das Gefühl, dass es jemanden gibt, an den er sich anlehnen kann, der in der Lage ist, sich um ihn zu kümmern. In der Fantasie hat der depressive Mensch immer die Hoffnung, die Liebe des Analytikers zu gewinnen; er muss nur die richtige Form der Unterwerfung unter die Bedürfnisse des Analytikers finden. Was als nächstes geschieht, ist eine Reaktionsbildung: Ein inakzeptables Gefühl wird in sein Gegenteil umgewandelt, und das Ich erlebt das entgegengesetzte Gefühl. Anstatt Wut auf den Analytiker zu empfinden, erlebt er idealisierende Gefühle gegenüber dem Analytiker, begleitet von Gefühlen der Depression und Minderwertigkeit.

> *Steinbergs Patientin leidet seit zwei Monaten an einer schweren Depression. Diese begann nach einem Tanzkurs, als sich eine Lehrerin positiv über ihre Leistung äußerte und sie darum bat, zu sagen, was für sie selbst positiv war. Die Gelegenheit, sich selbst Wertschätzung zu geben, rief ein Kindheitsmuster von Liebesverlust wach. Die Mutter der Patientin hatte sie immer dann zurückgewiesen, wenn sie glücklich war, sich auf etwas freute oder stolz auf sich war. Wann immer die Patientin das Gefühl hatte, dass sie klug, hübsch oder wertvoll war, wurde sie depressiv, weil diese Gedanken sofort unbewusst Gedanken und Gefühle von Liebesverlust nach sich zogen (Steinberg, 1984).*

Steinberg fährt fort: Die Reaktionen des Analytikers sowohl auf die Idealisierung als auch auf den Selbsthass des depressiven Menschen führen zu Mitgefühl und einer unterstützenden Haltung seitens des Analytikers. Um seinen Selbsthass zu lindern, weist der Analytiker darauf hin, dass jeder Fehler mache, dass er nicht zu kritisch sein solle, dass er viele gute Seiten habe usw. Durch diese »gönnerhafte« Haltung bestärkt der Analytiker aber das unterwürfige Verhalten des depressiven Menschen. In seinem Unbewussten sind die strafenden, ablehnenden Eltern intrapsychisch aktiviert und auf den Analytiker projiziert. Konfrontiert mit dem drohenden Verlust der Liebe für die wütenden Gefühle, verdrängt der Patient die Wut und wandelt sie unbewusst durch die Abwehr der Reaktionsbildung in eine Idealisierung um. Der Analytiker muss angesichts dieses Ansturms sowohl in der Lage sein, sich von seinem eigenen Bedürfnis, idealisiert zu werden, zu trennen, als auch in der Lage sein, »Nein« zu seinen Schuldgefühlen und seinem Mitleid zu sagen. Der Analytiker muss sanft, aber bestimmt darauf hinweisen, dass der Patient alle Anzeichen von Wut zeige, aber aus Angst die Wut unterdrückt und sich unterwürfig verhält.

Abhängigkeit in der Übertragung

Ein weiterer Aspekt betrifft unselbstständige, depressive Patienten, die hoffen, die Liebe der Eltern wiederzugewinnen, indem sie abhängig werden. Steinberg beschreibt diese Form von Übertragung/Gegenübertragung (Steinberg, 1984) folgendermaßen: Die Abhängigkeitskonflikte manifestieren sich in der Übertragung gewöhnlich auf eine von zwei Arten: Entweder ist der depressive Mensch offen abhängig, oder es findet eine Flucht in eine extreme Unabhängigkeit (forcierte Autonomie) statt. Die erste Art stellt hohe Ansprüche an uns, sich um sie zu kümmern. Die Klient/innen werden fordernd, kritisch und wütend, wenn der Analytiker auf ihre Hilflosigkeit nicht mit Ratschlägen oder anderen fürsorglichen Handlungen reagiert, und oft meinen sie, die Therapie helfe nicht: Es geht ihnen immer schlechter und der Analytiker muss etwas tun, nicht nur interpretieren.

Die Gegenübertragungsgefühle sind Schuldgefühle und Gefühle der Inkompetenz. Zunächst hat der Analytiker das Gefühl, dass er nicht genug tut, um zu helfen und verdoppelt seine Bemühungen. Deutungen werden abgelehnt, weil die Deutung nicht das ist, was der depressive Mensch will. Der Analytiker fühlt sich inkompetent und unzureichend und wird schließlich wütend auf den Patienten. Der Analytiker beschuldigt ihn, entweder offen oder verdeckt, dass er die »guten« Interventionen des Analytikers nicht auf sich wirken lässt. Es wird dann eine kurze Behandlung mit antidepressiven Medikamenten empfohlen.

Der Analytiker muss stattdessen beharrlich darauf hinweisen, dass der Patient sich wie ein inkompetentes Kind fühlt, das gelernt hat, dass man schließlich auf ihn eingeht, wenn er sich nur hilflos genug zeigt. Wenn der Patient dann sagt, dass er wirklich hilflos ist, muss der Analytiker wieder darauf hinweisen, dass das so ist, weil sich der Patient früher und heute ungeliebt fühlt, wenn er für sich selbst sorgt, während er durch Hilflosigkeit und Abhängigkeit ein gewisses Maß an Liebe gewonnen hat.

5 Behandlung

Unabhängigkeit in der Übertragung

Der andere Typus des zur Depression neigenden Menschen wehrt sich hartnäckig dagegen, sich vom Analytiker abhängig zu fühlen. Diese Menschen haben, so Steinberg, schon früh verstanden, dass ihre Mütter ihre Abhängigkeitsbedürfnisse nicht tolerierten; diese Mütter zogen sich zurück, wenn die Kinder abhängig wurden. Sie lehrten ihre Kinder, immer unabhängig zu handeln, auch wenn sie sich abhängig fühlten, damit ihre Mütter sich nicht zurückzogen (Steinberg, 1984).

> *Eine Patientin mit einer depressiven Mutter kümmerte sich schon als kleines Kind um die häuslichen Bedürfnisse der gesamten Familie. Sie kochte alle Mahlzeiten und putzte das Haus, weil ihre Mutter es nicht konnte. Sie hatte das Gefühl, dass sie dadurch eine stille Anerkennung von ihrer depressiven Mutter bekam. Eine andere Patientin erinnert sich ebenfalls daran, dass sie sehr früh selbstständig wurde, weil sie merkte, dass ihre Mutter sich noch weiter in ihre eigene Depression zurückzog, wenn die Patientin abhängig wurde. Auch sie übernahm dann die Aufgabe, den Haushalt in Ordnung zu halten (Steinberg, 1984).*

Diese Menschen leben dieses Muster auch mit uns in der Therapie. Obwohl sie sich schon früh in der Analyse abhängig fühlen, zeigen sie es erst, nachdem sie in eine schwere Depression geraten. Dann hassen sie sich dafür, dass sie so abhängig sind. Sobald sie dazu in der Lage sind, versuchen sie, ihre unabhängige Haltung wieder zu behaupten. In ihren Übertragungsfantasien nehmen sie an, dass wir das, wie der depressive Elternteil, von ihnen verlangen.

Die Gegenübertragungsreaktion bei diesen Menschen ist anders als bei offen abhängigen Personen. Hier erleben wir die Sehnsucht nach Abhängigkeit, die diese Menschen an sich selbst hassen. Wir neigen dazu, über die Normalität der Abhängigkeit zu sprechen und zu erklären, dass es nicht notwendig ist, Selbsthass zu erleben. Die Wahl dieses Ansatzes beruht oft auf unserem unbewussten Bedürfnis, sich vom depressiven Menschen gebraucht zu fühlen. Diese Gegenübertragungsreaktion verfehlt aber den wesentlichen Punkt der Dynamik dieser Menschen, die es ihm stattdessen aufzuzeigen gilt.

> *Eine Patientin lebt mit einem depressiven Mann zusammen, der die Position des schwachen, abhängigen Parts einnimmt. Sie hat die Position der starken, unabhängigen Partnerin inne, die gleiche Position, die sie bei ihrer depressiven Mutter eingenommen hatte. Diese Frau ärgert sich darüber, immer stark und unabhängig sein zu müssen und ihren bedürftigen, abhängigen Gefühlen nie Befriedigung gönnen zu können, aber sie hat Angst, dass ihr Mann, wie zuvor ihre Mutter, wütend werden und sich zurückziehen würde. Darüber hinaus empfindet sie extremen Selbsthass, wenn sie sich abhängig verhält. Als diese Frau zu verstehen beginnt, dass ihr unabhängiges Verhalten ein Ausdruck ihrer Unterwerfung und Abhängigkeit von ihrer depressiven Mutter ist, symbolisiert durch die Beziehung zum Ehemann, beginnt sie, Einsicht in ihre Abhängigkeit-Unabhängigkeitskonflikte zu gewinnen (Steinberg, 1984).*

Kollusive Übertragung/Gegenübertragungen

Der Jungianer Gustav Bovensiepen schildert den Fall einer kollusiven Vater-Sohn-Dynamik. Der Patient kam mit starken Depressionen, Leeregefühlen und Konzentrationsstörungen zu Bovensiepen, weil er Jungianer war und weil er sich für die Analytische Psychologie interessierte. Er erklärte, er fühle sich als völliger Versager, voller Minderwertigkeitsgefühle und habe Beziehungsstörungen. Seine Eltern hätten ihn beide emotional vernachlässigt. In den Träumen zeigte es sich, dass er mit seiner inneren Mutter identifiziert war, indem er von kalten, toten Höhlen voller Kot träumte. In der Gegenübertragung erlebte Bovensiepen den Patienten zunächst so, dass dieser ein starkes Bedürfnis hatte ihm »Geschenke« in Form von Träumen, Fantasien, Theorien von Jung etc. zu bringen, um Anerkennung zu erhalten. Mit der Zeit brachte er aber immer weniger und die Behandlung verlief zunehmend unfruchtbarer, mit quälend langen Schweigephasen. Bovensiepen beobachtete ärgerliche Langeweile an sich und dachte, die Leidensäußerungen des Patienten seien nicht echt, er tue nur so, er wolle sich den wahren Emotionen nicht stellen.

Seine Deutungen diesbezüglich brachten wenig. Der Patient wurde immer depressiver, sprachloser und weinte manchmal auch. Bovensiepen konnte seine Gefühle aber nicht wahr- und aufnehmen, auch nicht richtig phantasieren, bis er eines Tages eine heftige halluzinatorische Geruchsempfindung von Kot erlebte. Er phantasierte dazu einen Jungen, der die Hose voll hatte. Bovensiepen interpretierte die Gegenübertragung als abwertend. In der gleichen Sitzung entwertete der Patient Bovensiepen, indem er sagte, die Analyse habe bis jetzt gar nichts gebracht. Gleichzeitig äußerte er den Wunsch mit Bovensiepen von gleich zu gleich zu reden. Im Nachdenken darüber erkannte Bovensiepen die große Sehnsucht des Patienten nach einem guten Vater, der bereit war, sich idealisieren zu lassen und ihm gegen die negative Mutter zu helfen und deshalb verzweifelt bemüht war, in Kontakt mit ihm zu treten.

Der »Vater«-Therapeut hat aber Schwierigkeiten, diesem Sehnen entgegenzukommen, da er nur den kleinen, ängstlichen Jungen sah, der die Hosen voll hatte. Bovensiepen erkannte, dass er Mühe hatte, die idealisierende Vaterübertragung anzunehmen, da er selber dem analytischen »Vater« Jung ambivalent gegenüberstand. Unbewusst entwertete er die idealisierende Vaterübertragung und geriet dadurch in ein kollusives Übertragungs-/Gegenübertragungsgeschehen hinein. Der idealisierende Vaterkomplex des Patienten kollidierte mit dem ambivalenten »Vater«-komplex des Therapeuten. Erst nachdem Bovensiepen seine Geruchshalluzination richtig verstand, konnte er sich dem Klienten zuwenden und für dessen Botschaften empfänglich werden (Bovensiepen, 2009).

5.3.5 Ich-Selbst-Achse

Bei schweren Depressionen ist das Selbst des Menschen verdunkelt und führt ein Schattendasein, deshalb ist der Sog bei der Depression so stark (Kleespies, 1998). Wilke beschreibt dies so:

> »Aus meiner Erfahrung kann ich feststellen, dass ich Analysen von schwereren, suizidgefährdeten Depressionen nie mit einer mittleren, temperierten Gefühlslage begonnen habe, sondern in jedem Fall in einer besonderen emotionalen Weise angesprochen war ... Es scheint ein besonderes Energiepotential erforderlich zu sein, um in das Dunkel der Depression einzudringen und die Angst davor zu bewältigen. Genau wie für den Depressiven jeder Beginn besonders schwer und mühsam ist, so konstelliert sich auch der Analysenbeginn in Übertragung und Gegenübertragung als besonders schwer. Zur Überwindung der Schwierigkeiten wird oft zunächst im Unbewussten des Analytikers das entsprechende emotionale Potential aktiviert und zeigt sich als Gegen-

5.3 Mittlere Phase

übertragung. Ein Vergleich mit den Analysen anderer Erkrankungen zeigt, dass schwere Depressionen sehr viel anstrengender, mühsamer und belastender sind. Trotz des oft strapaziösen Schweigens, trotz Masochismus und Suizidgefahr, trotz Lähmung und Negativismus und besonders großer Ambivalenz, die oft auch den Analytiker erfassen, hat wohl jeder Analytiker einige Erfahrungen mit derartigen Fällen. Das Dunkel übt eine Anziehung aus, es weckt Neugier und Interesse, Anteilnahme oder gar Faszination.« (Wilke, 1974, S. 85)

Die therapeutischen Erfahrungen bestehen in Abstürzen, in Einsamkeit, Hilflosigkeit, Scham und Schweregefühlen. Es kann sein, dass wir von der Depression eines Menschen »infiziert« und ebenfalls depressiv werden. Es gibt ein klinisch beobachtetes Phänomen, dass sich Gefühle im Zusammenhang mit einer Depression bei interpersonellen Kontakten verbreiten (Leuzinger-Bohleber, 2020). Es kann auch sein, dass wir Aggressionen gegenüber Patient/innen empfinden, indem wir denken: »Nichts, was ich mache, ist von irgendeinem Nutzen!« Oder wir widersetzen uns ihnen und fordern sie heraus: »Ok, dann schauen wir mal, was stärker ist: mein Engagement oder deine Unbeweglichkeit!« (ebenda)

Für uns ist es zentral, sich dieser Erfahrung bewusst zu sein und nicht das Gegenüber dafür verantwortlich zu machen. Supervision und Intervision helfen, darüber klar zu werden. Unsere Erfahrung zeigt, dass es besser und haltgebend ist, das Dunkle anzusprechen, nicht zu deuten, das strapaziöse Schweigen nicht auszuhalten, sondern zu spiegeln, Sorgen mitzuteilen und auf gefährliche Entwicklungen hinzuweisen (▶ Kap. 7 besondere Probleme).

Hillman (1997) betont, dass eine der Hauptaufgaben der Psychoanalyse nicht darin bestehe, die schwarze Stimmung der Depression zu beseitigen, sondern in Melancholie zu verwandeln, mit einem gesteigerten Verständnis für all die unterweltlichen Stimmungen, Schönheiten, Sehnsüchte, Traurigkeit, Nostalgie- und Verlustgefühle. Die Farbe Schwarz und anderes depressives Material vertiefe unsere Wahrnehmung von unbewussten Vorgängen und von unbewussten Inhalten der Ich-Selbst-Achse. So sind die Themen der Depression in Kultur und Geschichte der Menschheit auf mannigfache Art und Weise dargestellt worden (z. B. in der Malerei). Dieser archetypisch-unpersönliche Bereich ist nicht von der Depression oder Destruktivität des einzelnen Menschen beeinträchtigt, seine Depression kann in einen größeren Zusammenhang gestellt und insofern die Ich-Selbst-Achse gestärkt werden. Von einer final-prospektiven Sichtweise aus gesehen, ist dann die Frage, was kann die zukünftige Perspektive sein, wie können wir lernen empathischer mit uns zu sein und unser Dasein in all seiner Durchschnittlichkeit akzeptieren zu lernen. Letztlich geht es um die eigene Erlaubnis, sich entwickeln zu dürfen.

5.4 Endphase

Wenn möglich, sollte das Ergebnis der mittleren Phase dazu führen, dass der depressive Mensch begonnen hat, eine Beziehung zu sich herzustellen und Selbstliebe zu entwickeln. Wir erwähnten ja oben, dass die psychodynamische Ursache von Depressionen aus jungianischer Sicht in unsicheren Beziehungen in der Kindheit besteht, bei denen die kindlichen Bindungs- und Anerkennungsbedürfnisse zu wenig erfüllt wurden. Entwicklung basiert auf dem »Glanze in den Augen« der Mutter (Winnicott). Ätiologisch gesehen wirken die Eltern- insbesondere die Mutterbilder beängstigend auf das Kind, das zu wenig oder zu viel Bindung erhielt. Als Folge von solch frühkindlichen Frustrationen und Enttäuschungen tritt eine Idealisierungsneigung, im Falle von verwöhnenden Beziehungen eine Regressionslust auf. Die Eltern werden idealisiert bzw. die reale Erfahrung mit ihnen verleugnet, um die negativen, inneren Bilder aushalten zu können. Dadurch reagieren depressive Menschen später komplexhaft in Beziehungen, sind schnell gekränkt, unsicher, zweifeln an sich und sind sensibel für Zurückweisungen (Projektionen), da sie hohe Erwartungen an sich und die anderen haben. Sie leiden an perfektionistischen Vorstellungen, die es ihnen schwermachen, zufrieden mit ihren Leistungen und ihrer Persönlichkeit zu sein oder neigen dazu, nicht ihrer Autonomie zu vertrauen und in der kindlichen Regression zu verharren. So sind sie immer auf der Suche nach Anerkennung und können schlecht Selbstliebe und ein starkes Ich-Bewusstsein entwickeln.

Die Arbeit an der Ich-Stärke durch Differenzierung, Strukturierung und bessere Steuerung ist deshalb zentral, damit die Ich-Selbst-Achse stärker wird und erstarrte Trauer, unterschwellige Wut, Ohnmacht und andere negative Emotionen besser gefühlt und angenommen werden können. Wir können ihnen daneben helfen, die Realität genauer zu erfassen und nachzufragen, was ihnen guttut, damit die Idealisierungs- und Abwertungsspirale durchbrochen wird. Auch geht es darum, mittels Symbolarbeit, Imaginationen und Bilderarbeit das zu erfüllen, was die Sehnsucht des depressiven Menschen ausmacht, nämlich eine enge Bindung und die Bestätigung des Selbstwertes. Mit Imaginationen etc. ist eine solche Nachreifung von Wunscherfüllung und Ressourcenaktivierung möglich (▶ Kap. 6), da sie den Betreffenden aus dem depressiven Gedankenkreisen herausholen und Selbstliebe, neue Verhaltensweisen und eine bessere Körper- und Emotionswahrnehmung fördern.

Die Wut auf eine vernachlässigende oder wenig grenzsetzende Mutter oder einen solchen Vater, die im Innern des depressiven Menschen nach wie vor präsent sein kann, kann so wahrgenommen und Ambivalenzgefühle besser ausgehalten werden, statt gegen sich in Selbstvorwürfen, Schuldgefühlen und destruktiven Abwertungen auszuarten. Dadurch wird der depressive Mensch vielleicht nicht mehr nur lieb, freundlich und angepasst von anderen erlebt, dafür umso eher als echt und authentisch, weil er eine Beziehung zu sich selbst hergestellt hat.

5.4.1 Themen der Endphase

Es gibt keine definierte Regelung des Abschlusses einer Therapie, jeder und jede kann das nach eigenem Ermessen und eigener Intuition gestalten, aber bestimmte Themenkreise können doch festgehalten werden. Im Folgenden beschreiben wir erstens konkrete Themen des Endes einer Therapie und gehen zweitens auf die Prozesse der Übertragung/Gegenübertragung ein.

Dass ein Ende der Behandlung naht, sehen wir daran, dass der depressive Mensch in eine neue Ich-Stärke, in neue Einsichten und Verhaltensweisen hineinwächst und weniger Sorgen und Probleme in die Sitzung bringt. Er schildert als Feedback vielleicht auch, dass ihn seine Umgebung, Freunde oder Arbeitskollegen selbstbewusster und aufgestellter wahrnehmen. Depressive Gefühle kann er als teilweise sinnvolle und nützliche Reaktion ansehen. Gefühle wie Trauer, Wut, Hilflosigkeit werden nicht mehr abgespalten, sondern können angenommen und integriert werden. Die Elternbilder oder die realen Eltern werden differenzierter wahrgenommen, in all ihrem Schrecken, wie sie etwa eine traumatisierende Mutter verursachen kann; die Identifikation mit einem mächtigen und überwältigenden Mutterbild hört auf.

Nicht immer ist es möglich, sich mit den Eltern zu versöhnen, im Falle von Traumata ist es auch wichtig, das Trauma als das zu sehen, was es war. Und nicht immer lässt sich alles lösen, sondern vielleicht nur lindern. Um mit Jung zu sprechen: »Ich habe nämlich inzwischen eingesehen, dass die größten und wichtigsten Lebensprobleme im Grunde unlösbar sind (…) sie können nie gelöst werden, sondern nur überwachsen werden.« (Wilhelm & Jung, 1986, S. 19f)

Ein Ende naht auch, wenn das Selbstwertgefühl, das Vertrauen in sich und das Selbstbewusstsein des Betreffenden gestiegen ist und es ihm möglich ist, sich Wünsche, Ziele und Bedürfnisse zu erfüllen, statt immer zu verdrängen. Dadurch wird die Ladung des Komplexes abgeschwächt und das Ich und die Selbstliebe stärker. Dazu gehören auch die Annahme und Auseinandersetzung mit dem Schatten und die anderen oben erwähnten Themen.

Das Thema des Abschiedes wirft nun zusätzliche Themenkreise auf. Das Thema Trennung ist zentral für depressive Menschen, es besteht ein Zusammenhang zwischen Depression, Trauer, Trennung und Verlust, auf die wir eingehen sollten, um den depressiven Menschen auch in dieser Phase ernst zu nehmen. Die Endphase bietet die Möglichkeit, diese Prozesse im Hier und Jetzt zu bearbeiten, da es sich um ein therapeutisch begleitetes Ende handelt. In der Endphase sind deshalb bestimmte Gefühle und Verhaltensweisen häufig vorhanden. Dazu gehört zum Beispiel die Rückkehr der Symptome, insbesondere der depressiven Symptome mit dem Gefühl der Hilflosigkeit oder dem Äußern von Wut und Enttäuschung oder die Verleugnung der Abhängigkeit und die Ablehnung des Bedürfnisses nach uns; auch Inszenierungen von Abhängigkeit oder unbewusste Inszenierungen von Gefühlen der Ablehnung sowie die Angst, dass die geleistete Arbeit verloren geht. Wir gehen im Abschnitt »Übertragung/Gegenübertragung« weiter unten detaillierter darauf ein.

Die Reflexion des Behandlungsverlaufs ist hilfreich, ebenso wie die Überprüfung, was Thema war, was erreicht wurde und was nicht. Wir können das zusammen mit dem Klienten oder der Klientin erörtern und beide können aus ihrer Sicht Rückschau auf Erreichtes halten. Manchmal ist es von Vorteil gemalte Bilder, sofern vorhanden, in der Reihenfolge ihres Entstehens auszulegen und den Prozess zusammen zu begutachten. Wir können fragen: »Was wurde aus Ihrer Sicht erreicht, was nicht? Was war in der Therapie hilfreich, was war schwierig? Was sind offene Punkte geblieben? Was könnten Sie tun, wenn Probleme wieder auftauchen?« Sowohl der depressive Mensch wie wir können aus der jeweiligen Sicht eine Bilanz ziehen. Die Phase des Beendens ermutigt die Gedanken an die Zukunft, an das, was als Nächstes kommen könnte und ermutigt die Klient/innen, darüber nachzudenken.

5.4.2 Übertragung/Gegenübertragung

Die Neigung von depressiven Menschen, die therapeutische Person möglichst lange zu »behalten«, ist bekannt. Auch wenn es besser geht, möchte man mit einem Fuß gerne noch in der Therapie bleiben, auch wenn es nur einmal pro Monat oder noch seltener ist, sozusagen als Rückversicherung und weil man befürchtet, sich sonst zu hilflos und verlassen zu fühlen. Die Bedürfnisse und Möglichkeiten des Therapeuten oder der Therapeutin sind hier zu berücksichtigen. Als sinnvoll in der Schweiz hat es sich erwiesen, einen langsamen Rückzug mit Kontrollterminen anzubieten, z. B. einen nach 3 Monaten und einen weiteren in einem Jahr. Dies kann aber auch angepasst werden. Nicht selten suchen depressive Menschen zu einem späteren Zeitpunkt wieder eine Therapie auf, wenn eine Krise ansteht oder sich Probleme häufen. Auch das Angebot von ausgedünnten Therapiesitzungen, wie zum Beispiel alle vier Wochen eine Sitzung anzubieten, kann hilfreich sein. Manchmal ist ein Ende aber lange noch nicht da, wie Jung selber erlebt hat:

»Es darf uns nicht wundern, wenn es nicht wenige Fälle gibt, bei denen sich trotz stärkster Bemühung keine Möglichkeit zu einer Ablösung der Übertragung einstellt, trotzdem der Patient alle – vom Standpunkt der Vernunft aus – nötige Einsicht besitzt, und man daher weder ihn noch sich selber irgendwelcher technischen Nachlässigkeit oder Unterlassung anklagen kann. Arzt und Patient, beide mögen vielleicht tief beeindruckt sein von der immensen Unvernünftigkeit des Unbewussten und zum Schlüsse kommen, den gordischen Knoten mit dem Schwert des gewaltsamen Entschlusses zu durchhauen. Eine chirurgische Trennung der siamesischen Zwillinge ist aber eine gefährliche Operation. Es gibt vielleicht geglückte Resultate, aber nach meiner bisherigen Erfahrung nicht manche. Ich bin daher für eine konservative Lösung des Problems. Wenn die Lage tatsächlich so ist, dass keinerlei andere Möglichkeiten in Frage kommen, und das Unbewusste offenkundig auf der Beibehaltung der Bindung insistiert, dann muss die Behandlung des Falles (abwartend) weitergehen ... Erzwingen lässt sich meistens nichts, und wo es anscheinend gelingt, muss es später vielleicht bereut werden. (Jung, 1946, § 462 f.)

In Deutschland ist dies aufgrund vorgegebener Anzahl von Therapiestunden leicht anders. Müller & Müller (2018) geben den Hinweis, dass spätestens »im letzten Drittel oder Viertel der Therapie ... die Beendigung immer wieder thematisiert, reflektiert« werden soll (Müller & Müller, 2018, S. 297), inklusive der damit verbundenen Ängste, Enttäuschungen oder Trauerreaktionen. Sie schildern weiter, dass manche Patienten froh sind, wieder »frei« zu sein von den regelmäßigen terminlichen Verpflichtungen, was sich mit unseren Erfahrungen deckt. Manche haben aber auch Mühe, sich ein Ende überhaupt vorzustellen oder wünschen sich immer wieder kommen zu können, wenn sie eine Krise verspüren.

Die Übertragung in der Endphase kann wie erwähnt von Frustration und Enttäuschung geprägt sein, die sich in Vorwürfen gegenüber uns äußern, im Sinne, dass wir ihn mit ungelösten Problemen zurücklassen, dass wir uns nicht kümmern usw. Wir können uns schuldig oder ärgerlich fühlen, was dadurch erschwert wird, dass wir vielleicht selbst den Wunsch haben, die Behandlung fortzusetzen oder zu beenden oder dass wir uns ungerechterweise für etwas verantwortlich gemacht fühlen, das nicht in unserer Verantwortung liegt.

Es ist wichtig, dass wir uns nicht darauf beschränken, auf die Fortschritte hinzuweisen, sondern die Gefühle des Klienten ernst zu nehmen und darauf zu achten, Feindseligkeit zu vermeiden. Der Klient hat vielleicht Angst, auf eigenen Beinen zu stehen und glaubt, dass alles, was erarbeitet wurde, mit dem Ende wieder verloren geht oder er fühlt sich

5.4 Endphase

verlassen und verraten. Das Ansprechen der negativen Gefühle stärkt das Selbstvertrauen des depressiven Menschen und stärkt auch seine Hoffnung, dass das Gute bestehen bleibt. Das Verbalisieren der schwierigen Aspekte ist eine wichtige Errungenschaft auch für später, nicht zuletzt deswegen, weil der depressive Mensch sieht, dass wir aggressive oder enttäuschte Attacken überleben, insbesondere die Verlassenheitsangst, die sich in Verlassenheitswut zeigt und dass wir weiterhin wertschätzend und interessiert bleiben.

Wie auch immer sie aussehen mag, die Arbeit der letzten Phase stellt erhebliche emotionale Belastungen an uns und Supervision ist nicht selten hilfreich. Die emotionale Belastung tritt häufig bei langjährigen Analysen auf, und hier ist es wichtig, dass wir uns unserer eigenen Gefühle des Verlustes beim Abschied vom depressiven Menschen bewusst sind, in den wir vielleicht viel Zeit, Energie, Gedanken, Liebe und Hoffnung investiert haben und der unser Denken angeregt, unser Verständnis erweitert und unsere emotionale Kapazität erweitert hat. Auch wir müssen loslassen, wie Eltern einmal ihre Kinder loslassen mussten und deshalb ist es so sinnvoll, die ganze Bandbreite der ›störenden‹ Gegenübertragung wahrzunehmen, damit es möglich wird, dass der depressive Mensch ebenfalls seine eigenen Gefühle wahrnehmen und akzeptieren lernt.

Das Ende der Behandlung naht, wenn sich die Übertragungsgefühle ändern. Der/die Klient/in wirkt aktiver, weniger abhängig, kritischer und die depressive Person beginnt Mitgefühl für sich zu empfinden. Das macht sie stärker gegenüber der Idealisierungstendenz anderen sowie der Abwertungsspirale sich gegenüber. Sie beginnen aktiver das Leben zu explorieren und zu gestalten, sind bei der Arbeit weniger perfektionistisch, verlassen destruktive Freundschaften oder beginnen eine neue Beziehung. Diesem Prozess des Aufbruchs können aber wieder depressive Phasen von Hilflosigkeit und Passivität folgen. Das gehört zum Prozess. Wir können das aufzeigen und den Menschen in seinem Prozess unterstützen, ermutigen und Halt geben.

In schweren Fällen von Depressionen kann der Abschied lange nicht ausgehalten werden. Aus der Intervision erzählte mir eine Kollegin, ihre amerikanische Klientin habe ihr gesagt: »If I have to leave the therapy, I will kill you. (Wenn ich die Therapie verlassen muss, bringe ich Sie um.)« Sie sah den Abschied nur im Sinne von Sterben oder Leben und hatte insofern eine hochambivalente Beziehung zur Analytikerin. Erst mit den Jahren konnte sie die Ambivalenz aushalten und sagen, ich bin wütend und traurig, wenn ich die Therapie beende, aber ich denke, ich bin nun selbständig und emotional stark genug, dass ich es probieren möchte.

Am Ende des analytischen Vorgangs wird der Raum wieder zurückgegeben: Braun schildert einen Fall eines depressiven Patienten, der am Ende sagte, er verbanne ihn und die Analyse ans Ende der Welt. Die Entwicklung der Beziehung zum »eigenen« Sessel oder der »eigenen« Couch verdient Aufmerksamkeit und kann der Erläuterung der analytischen Beziehung und des analytischen Prozesses dienen. (Braun, 2016). Die Entwicklung von Bindung und Selbstwert beim Klienten ermöglicht am Ende des gemeinsamen analytischen Weges die Trennung als einen Abschied aus der analytischen Situation, der nicht mehr frustrieren und enttäuschen muss. Dennoch müsse manchmal, laut Braun, aufgrund Trennungsschmerzes und Entidealisierung des Analytikers mit einem aggressiven Potential gerechnet werden, aufgrund dessen es dem Analysanden erst möglich werde, seine Wege zu gehen (Braun, 2016).

Zusammengefasst stellt die Beendigung der Therapie die therapeutische Beziehung nochmals unter Belastungen, da alte Ambivalenzgefühle bezüglich Bindung beim depressiven Menschen wieder hochkommen können, wie Trauer, Hilflosigkeit, Wut und Verlassenheit. Diese Gefühle können angesprochen und benannt werden. Möglich ist auch ein kurzfristiges Wiederauftreten von depressiven Symptomen, aber gleichzeitig ist eine neue Ich-Stärke, Gefühlsstärke und ein aktiveres Verhalten und Aushalten von Ambivalenzgefühlen bemerkbar, wenn sich das Ende einer Behandlung ankündigt.

6 Techniken und Methoden

6.1 Depression in Symbolen

Die Arbeit mit Symbolen in Imagination, Träumen, Märchen etc. bildet eine der wichtigsten Grundlagen in der Analytischen Psychologie von C. G. Jung. C. G. Jung setzte sich in vielen seiner Werke mit dem Begriff des Symbols auseinander, so im Band 5 der Gesammelten Werke *Symbole der Wandlung* (1912), im Band 18 *Das symbolische Leben* (1981) oder im Buch *Der Mensch und seine Symbole* (2020) etc. Spätere Jungianer/innen haben weitere Bücher zur Arbeit mit symbolischen Material geschrieben, darunter Brigitte Dorst & Ralf Vogel (2014) Verena Kast (z. B. 1988, 2012), Ingrid Riedel (2005) oder Lutz & Annette Müller (2018). Wir erwähnen hier nur die wichtigsten Aspekte der Symbolarbeit.[2]

Das Wort Symbol leitet sich vom griechischen *symbolon* (σύμβολον) ab, was Zeichen oder Hinweis bedeutet. Es ist eine Mischung der Silben *syn* = »zusammen« und *bole* = »werfen«. Dinge werden zusammengeworfen, ein Symbol ist etwas Zusammengesetztes, wie etwa ein Ring, der von zwei Freunden auseinandergebrochen wird. Wenn sie sich nach Jahren wieder treffen, dann kann jeder seine Hälfte als Erkennungszeichen vorweisen, wie es im alten Griechenland der Fall war (Kast, 1990). Ein Symbol zeigt etwas an, es wird als Darstellung von etwas verstanden (einer Idee, eines Objektes oder einer Beziehung). Symbole ermöglichen

---

[2] Die Paps-Studie (Tschuschke, Koemeda-Lutz, Schlegel, 2014) enthält zahlreiche Interventionsmöglichkeiten der Analytischen Psychologie (und diejenigen von anderen Schulen). Sie betreffen allgemeine Techniken der jungianischen Behandlung. Das Dokument kann aus dem Internet heruntergeladen werden (Pap-S-Rating-Manual eingeben).

es Menschen, über das Bekannte oder Gesehene hinauszugehen, indem sie Verbindungen zwischen Personen, Gefühlen, Konflikten und Erfahrungen herstellen.

Die Analytische Psychologie geht davon aus, dass sich das Unbewusste im symbolischen Material zeigt, das sich über Symbol-, Imaginations-, Bilder- und Traumarbeit sowie mittels Mythen- und Märchenarbeit erfassen lässt. Die Symbolarbeit ermöglicht, dass verdrängte Wünsche und Sehnsüchte von depressiven Menschen nachreifen können (Ressourcenarbeit).

Vergessen wir nicht: Die depressive Problematik besteht darin, dass Bedürfnisse wie Sicherheit, Bindung oder Anerkennung zu wenig befriedigt wurden, sodass Abhängigkeiten, Idealisierungen und hohe Ansprüche an sich selbst entstanden. Depressive haben das Gefühl, sie genügen nicht oder zu wenig und haben manchmal Mühe aus dem negativen Gedankenkreisen herauszukommen (depressiver Teufelskreis). Die therapeutische Kunst ist es, die negativen Gedankenspiralen zu stoppen und Entwicklungsdefizite nachreifen zu lassen, damit Verlusterfahrungen betrauert und Idealisierungen realitätsadäquater werden können, wie wir im Folgenden versuchen aufzuzeigen.

Der final-prospektive Aspekt einer Depression zeigt, was eigentlich gewünscht und ersehnt wird und wohin das Symptom abzielt. Wenn sich ein depressiver Mensch symbolisch in einer Höhle zurückzieht, so kann dies die Sehnsucht und den Wunsch nach Schutz anzeigen, die aber mit dem depressiven Rückzug nicht wirklich gelingt, da er den Konflikten nur ausweicht (konfliktorientiertes Vorgehen). Der Rückzug zeigt vielleicht aber auch an, dass er sich normalerweise überfordert und sich ab und zu depressiv zurückziehen muss, in einen schützenden Raum, in dem er sich erholen kann (ressourcenorientiertes Vorgehen). Wir müssen entscheiden, welches Vorgehen eher angezeigt ist, indem wir bei den Patient/innen die Frage nach dem »Wozu« überlegen.

Die Symbole, die in Träumen, Fantasien, Bildern, Märchen oder Mythen vorkommen, ermöglichen es, in tiefere Schichten des Menschen vorzudringen. Brigitte Dorst schlägt dafür ein Fünf-Schritte-Vorgehen vor, nämlich

1. sich auf das aufgetauchte Symbol einzustimmen,
2. das Bedeutungsumfeld durch Amplifikation zu erkunden,

3. das Symbol kreativ zu gestalten,
4. es zu deuten und
5. die Einsichten in das Leben zu integrieren (Dorst & Vogel, 2014).

6.1.1 Die symbolisierende Einstellung

Für die Symbolarbeit ist die Fähigkeit zur symbolischen Einstellung notwendig. Worum handelt es sich da? Müller & Müller definieren die symbolisierende Einstellung folgendermaßen: »Die Entwicklung einer symbolisierenden Einstellung bezweckt, sich mit Hilfe der Vieldeutigkeit von Symbolen von allzu starren Vorstellungen über sich selbst und der Welt zu befreien, den Sinn für das Geheimnisvolle, Vielschichte und Paradoxe hinter dem Konkreten und vermeintlich allzu Offensichtlichen zu wecken. Das Leben mit Symbolen öffnet unser Erleben für die tieferen Dimensionen des Lebendigen und Schöpferischen, des Psychischen, der Kunst und der Religion, der Schönheit, Weisheit und des Humors.« (Müller & Müller, 2018, S. 53)

Verena Kast nennt dafür ein Beispiel: Ein Mann fährt Auto und bespricht mit seiner Partnerin engagiert seine beruflichen Pläne. Der Verkehr wird immer dichter, sie geraten in einen Stau und sitzen fest. Es geht ihm plötzlich auf, was das bedeuten könnte. Wenn er beruflich in diesem Tempo vorwärtsmacht, dann könnte er am Schluss im Stau stecken bleiben, keine Zeit mehr für die Beziehung haben und das will er nicht. Kast: »Symbolisieren heißt, den verborgenen Sinn, der in der konkreten Situation liegt, herauszufinden.« (Kast, 1990, S. 25) »Bei der symbolisierenden Einstellung handelt es sich um einen Projektionsvorgang. Wir projizieren unser Unbewusstes auf die vordergründige Wirklichkeit.« (ebenda, S. 26) Wir verbinden die Wahrnehmung der äußeren Welt mit unserer inneren Wahrnehmung, indem wir ein symbolisches Bild hochsteigen lassen. Mithilfe dieses Bildes kommen wir in Kontakt mit unbewusstem Material in uns.

Nicht immer ist die Fähigkeit zur symbolischen Einstellung beim depressiven Menschen bereits vorhanden. Dann muss sie zuerst erarbeitet werden. Dies gelingt über den Aufbau der Ich-Stärke, bei der der Einzelne die Wahrnehmung von sich selbst und den anderen besser zu regulieren, differenzieren und steuern lernt, wie wir im Kapitel »Behandlung« (▶ Kap. 5) beschrieben haben.

In der Symbolarbeit können wir zwischen zwei Vorgehensweisen wählen; entweder gehen wir ressourcen − bzw. abwehrorientiert oder konfliktorientiert vor. Im ersten Fall stärken wir das Ich des depressiven Menschen und gehen nicht auf seine Probleme, sondern mehr auf seine Stärken ein oder unterstützen seine Bewältigungsmechanismen. Im zweiten Fall setzt sich das Ich mit den Konflikten auseinander, es findet eine Konfrontation mit den Problemen statt.

Depressive Symptome zeigen an, dass es ein Ungleichgewicht zwischen dem Bewusstsein und dem Unbewussten gibt. Über symbolische Bilder lässt sich herausfinden, was die Depression bedeutet und wie ein Weg aus der Hilflosigkeit und Ohnmacht gefunden werden kann. So können die depressiven Menschen gefragt werden: »Wenn Sie dieses Gefühl oder diese Sache bildhaft sehen würden, welches Bild taucht da spontan in Ihnen auf?« Oder: »Sie können ein Blatt Papier nehmen und zu zeichnen beginnen und schauen einfach, was sich zeigt.« Oder: »Wenn Sie eine Blume wären, was wären Sie im Moment gerade?« Oder: »Nehmen wir das Traumbild, Sie träumten von einer dunklen Gefahr: Wie könnte eine solche Gestalt wohl aussehen?« Oder. »Wenn Sie Ihrem inneren Kritiker oder Ihrer inneren Kritikerin eine Gestalt verleihen würden, wie würde er oder sie aussehen?«

> *Eine Doktorandin kommt wegen eines Burnouts in die Therapie, u. a. weil sie sich von den Anforderungen der Hochschule und von der vielen Arbeit, die eine wissenschaftliche Arbeit mit sich bringt, überfordert fühlt. Ihre Geschwister und Eltern hätten alle einen Doktortitel, und sie müsse doch da mithalten, meint sie. Auf die Frage nach einem Bild antwortet sie in der zweiten Sitzung: Sie sehe sich als Sonnenblume mit einem schweren Kopf (Therapeutin: IM). Auf die Frage nach der Umgebung meint sie, da stehen Betonklötze herum. In der Nachbearbeitung stellt sich heraus, dass die Sonnenblume Stütze und Pflege braucht und dass sie sich von den Betonklötzen eingeengt fühlt. Ihr Unbewusstes zeigt die Problematik genauer an als ihr Bewusstsein. Wir arbeiten in dieser Sitzung an der Sonnenblume (ressourcenorientiert). Wie könnte man sie stärken und stützen (Stecken) usw.? Diese Symbolarbeit muss in den Alltag übersetzt werden, im Sinne,*

was heißt das für das konkrete Leben, was könnte das bedeuten? Weitere mögliche Fragen wären gewesen: Was genau symbolisieren die Betonklötze und wie nahe stehen sie (konfliktorientiert)? Was empfindet sie angesichts der Betonklötze und was möchte sie tun? Und welchen Zweck verfolgen die Betonklötze?

6.1.2 Depression anzeigende Symbole

Wenn wir uns auf Symbole konzentrieren, die die depressive Symptomatik beinhalten, so schälen sich folgende Symbole heraus (wir erheben keinen Anspruch auf Vollständigkeit.). Kleespies (1998) beschreibt folgende Symbole bei einer Depression. Es sind:

1. das *Verschlungenwerden von etwas Negativem* (dunkle Fluten, Ungeheuer wie Drache, Wal, Spinne) zeigen oder in solchen
2. die *Versteinerung als Schutz vor überwältigenden Gefühlen wie Liebe oder Aggression* (versteinerter König in Märchen etc.) oder in solchen
3. die *Energielosigkeit* aufgrund blockierender, strafender, kritisierender oder verfolgender Objekte *(*Rumpelstilzchen etc.).

Die Bezwingung der Gefahr wird symbolisch in Kunst und Kultur nicht selten mit einem aktiven Helden dargestellt, der sich der Gefahr stellt wie Siegfried im Drachenkampf in den Nibelungenliedern oder wie Harry Potter gegen Voldemort. Psychodynamisch geht es darum, der Depression aktiv etwas entgegenzusetzen, um den bedrohlichen oder lähmenden Zustand zu überwinden; darum, Zugang zu den aggressiven Kräften, zu seinem eigenen Willen und zu seiner eigenen Meinung zu finden (Schattenthematik), die man der Depression gegenüberstellen muss.

Eine Klientin kommt in die Psychotherapie aufgrund einer mittelschweren Depression, aufgrund Unsicherheit und einem fragilen Selbstwert (Therapeutin: IM). Die Therapeutin fragt sie: »Wenn Sie das Gefühl und die Empfindungen, die Sie spüren in ein Bild übersetzen würden, in ein symbolisches Bild, das spontan in Ihnen aufsteigt, was könnte das eventuell

> *sein? Jedes Bild ist gut, auch wenn Sie vielleicht daran zweifeln.« (Es ist gut, mehrere Sätze mit abgewandelten Fragen zu verwenden, damit der depressive Mensch Zeit hat. Meistens tauchen sofort Bilder auf, aber man muss den depressiven Menschen manchmal ermuntern, sie zu verbalisieren). Diese Klientin sieht eine bedrohliche Wolke am Himmel, die Blitze aussendet, während sie in einer leeren Welt unter einem Stein liegt und sich dort versteckt. Nichts ist im Bild vorhanden außer der Wolke, dem Stein und sie als kleinem Kind. Auf die Frage, was sie braucht, antwortet sie: »Schutz«. Deshalb wird der Fokus auf den Aufbau eines sicheren Ortes gelegt, an dem sich die Klientin erholen kann. Als dies gelungen ist, kämpft sie aktiv dagegen an, sich von der schwarzen Wolke überrollen zu lassen, indem sie symbolisch Schutzschilder um sich aufbaut, sich in einer friedlicheren Welt in den Bergen bei einer alten Weisen erholt, sich getraut an einen Baum anzulehnen etc..*

Das ist der Ausgangspunkt. Die auftauchenden Symbole können eine Fülle von Assoziationen auslösen, Erinnerungen an früher mit sich tragen, wenn man sich auf das Symbol einlässt. Verena Kast hat in ihrem Standardwerk »Die Dynamik der Symbole« eine Bilderserie einer 42-jährigen depressiven Frau publiziert, die schön die Symbolbildung als Prozess wiedergibt (Kast, 1990, S. 29–40).

Die Arbeit mit Symbolen erlaubt, wenn die Ich-Stärke stabil ist, sich in den Täter- und Opferpol hineinzuversetzen (Täterseite: So wie der Erwachsene mit dem Kind war, so geht man auch mit sich und den anderen um. Opferseite: Wie fühlte man sich als kleines Kind?) (Kast, 2014). Der Sinn ist, ein Bewusstsein dafür zu schaffen, dass es beide gibt. Wenn die Täter- wie die Opferseite bereits exploriert und symbolisiert wurden, geht es nachher darum, in keinem zu verweilen, sondern eine aktive Haltung zu entwickeln, um sich von beiden zu de-identifizieren. Gerade Patient/innen, welche sich stark mit einer Opferrolle identifizieren, können davon profitieren und wieder aktiver werden.

6.2 Depression in Imaginationen

Wenn der depressive Affekt nicht die ganze Person überschattet, bietet sich die Methode der Imagination zur Nachreifung von Bedürfnissen, Wünschen und zur Konfliktbearbeitung an. Wenn die Depression zu stark ist, ist das therapeutische Gespräch hingegen sinnvoller, wie wir es im Kapitel Behandlung beschrieben haben. Imaginationen können Ressourcen aktivieren, mit denen der/die Klient/in einen besseren Umgang mit der Depression findet. Es gibt einige Jungianer/innen, die sich ausführlich mit Imaginationen beschäftigt haben, insbesondere Verena Kast (1988; 2012) oder Brigitte Dorst und Ralf Vogel (2014).

Schildert jemand einen depressiven Affekt, so können wir ihn bitten, diesen zu symbolisieren. Klient/innen imaginieren vielleicht schwarze Wolken, einen Abgrund oder eine Wüste oder ähnliche deprimierend-dunkle Bilder. Sie sind Ausgangspunkt für eine Imagination, bei denen innere Helfer, alte Weise, Krafttiere, Wasser, magische Wesen etc. dem Imaginierenden helfen können, gegen das Dunkle, Bedrohliche oder Leere anzugehen. Konkret imaginiert eine Klientin zum Beispiel die innere Figur eines Kobolds, der sie in ihren Tätigkeiten unterstützt und mit dem sie sich in einer inneren, wertschätzenden Auseinandersetzung befindet.

Verena Kast hat die konkreten Anleitungsschritte in den imaginativen Übungen in ihren Büchern *Imagination als Raum der Freiheit* (1988) und *Imagination. Zugänge zu inneren Ressourcen finden* (2012) beschrieben, die sehr empfehlenswert sind, da sie Möglichkeiten und den Umgang mit Schwierigkeiten in den Imaginationen aufzeigen. Letzteres ist wichtig, da bei ressourcenaktivierenden Imaginationen das Negative manchmal ungewollt eindringen will und der Imaginierende Grenzen setzen muss (Stoppschild, Mauer vorstellen etc., Kast, 1988). Die Erfüllung von Wünschen und Sehnsüchten muss erlernt werden, depressive Menschen haben gelernt, sich diese Grundbedürfnisse zu versagen. Aber was einmal gelernt wurde, kann ja auch wieder verlernt werden!

Zwei Arten von Imaginationen bieten sich in der Behandlung an: die ressourcenorientierte und die konfliktorientierte Imagination. Im Folgenden werden einige Möglichkeiten von Imaginationen aufgelistet.

6.2.1 Ressourcenorientierte Imaginationen

Ressource Wasser

> *Ein depressiver Klient leidet an Schuldgefühlen, was einen unsicheren Selbstwert bewirkt. Er zweifelt stark an sich und glaubt ein Versager und ohne Lebensberechtigung zu sein. Seine Imagination: »Ich liege in einem runden Teich; ich kann mich gerade gut ausstrecken. Das Wasser ist angenehm warm, wie in der Badewanne. Ich spüre meine Haut angenehm wohlig. Ich rieche das Gras, es muss vor kurzem geschnitten worden sein. Ich fühle mich ganz leicht im Wasser, die Sonne scheint auf mich. Es ist wunderschön, niemand will etwas von mir, ich muss nichts, ich fühle mich einfach wohl.« (Kast, 1988)*

Kast erwähnt die Stärkung des Ichs des Patienten nach dieser Imagination. Für einen Moment hatte er nicht das Gefühl gehabt, die Erwartungen von jemand anderem erfüllen zu müssen. Im Gegenteil: Im Wasser fühlte er sich völlig aufgehoben, im warmen Wasser, das ihn an das Fruchtwasser erinnerte. Es liegt an uns, dem depressiven Menschen die Erlaubnis für solch fördernde Imaginationen zu geben und ihm zu bedeuten, dass er sich mittels Techniken diese Erlaubnis selbst geben kann. Denn: »Sehnsuchtsbilder, die wir imaginieren und denen wir uns wirklich hingeben können, haben eine große Wirkung auf unsere Stimmung: Sie lösen Hoffnung aus, Hoffnung auf Veränderung, Hoffnung auf etwas, das besser zu unserem Leben passt, das unser Leben stimmiger macht.« (Kast, 1988, S. 67)

Ressource innerer Helfer

> *Ein depressiver Klient leidet unter Selbstvorwürfen und selbstquälerischen Gedanken. In einem Traum entwindet sich ein Fisch seinen Händen und verschwindet in einem Abwasserschacht, was den Klienten sehr traurig stimmt. Das ist der Ausgangspunkt der Imagination. Der Klient folgt dem Fisch in den Abwasserkanal, wo es stinkt, dreckig ist und wo sich viele Röhren und Abzweigungen befinden. An einem Ort staut sich das Wasser. Er trifft nach langem Suchen auf einen Clochard und beginnt einen Dia-*

log mit ihm. Dieser gibt ihm den Rat, sich zur Verstopfung zurückzubegeben. Er ist ratlos, verwirrt, folgt aber dem Rat des Clochards und begibt sich dorthin zurück. Als er dort ankommt, reinigen gerade zwei Arbeiter mit Hochdruckschläuchen die Verstopfung. Er steigt darauf sehr schnell den Schacht an die frische Luft hoch und fühlt sich erlöst und wie neugeboren (Kast, 1988).

In der Nachbesprechung zeigt sich, was gegen die selbstquälerischen Ideen und depressive Verstimmung hilft: der Hochdruck, die konzentrierte Energie, die Kraft gegen die Verstopfung (negative Urteile von anderen; selbstquälerische Gedanken). Auf die Aggression gegen die Destruktion hatte ihn der innere Helfer, der Clochard, hingewiesen, der ebenso ein Teil von ihm ist (Kast, 1988).

Ressource Krafttier

In der eigenen Praxis erleben wir immer wieder, wie Tiere in Imaginationen den Klient/innen ein Gefühl der Sicherheit und des Wohlbefindens geben können.

Eine depressive Klientin imaginiert einen großen Hund, der ihr gegenüber sehr zutraulich ist und sich streicheln lässt, der ihr nicht von der Seite weicht und sie überall hinbegleitet (Therapeutin: IM). In der Imagination ist sie kleiner als der Hund. Anamnestisch hat sie tatsächlich einige Zeit in ihrer Kindheit einen Hund gehabt, aber als Erwachsene nicht mehr an das damalige Gefühl gedacht. Nach der Imagination nimmt sie diesen Hund innerlich überall mit. Sie stellt sich vor, wo er sich gerade befindet, erspürt das Gefühl, wenn sie die Hand auf seinen warmen Rücken legt und fühlt sich durch diese innere Begleitung gestärkt.

6.2.2 Konfliktorientierte Imaginationen

Bei der konfliktorientierten Imagination wird das problematische Symbol genauer exploriert, welche Gedanken und Gefühle es auslöst und nachgefragt, was es im Leben des depressiven Menschen bedeuten könnte. Wir zeigen anhand von zwei Beispielen das Vorgehen auf und verweisen auf vertiefte Informationen in der oben genannten Literatur.

Ein depressiver Patient, der kurz vor der Zwangspensionierung steht, findet das Leben sinnlos. Als Motiv wählt Kast bei ihm den Fluss, worauf er einen kalten, schnell fließenden Fluss imaginiert, der aber von einem mitten in ihm aufragenden Berg gestaut wird. Der Patient sucht Wege rund um ihn herum, aber findet nichts. Der Fluss scheint vor dem Berg zu versickern. Kast fragt nach: »Und wo gelangt das Wasser hin?« Der Imaginierende antwortet nach einer Weile, es sammle sich unterirdisch zu einem Fluss, , es fließe langsamer, nicht mehr so schnell wie vorher. Kast spricht ihn auf den Berg an und er meint, das seien unerledigte Arbeiten, die ihn belasten. Vieles sei in seinem Leben liegengeblieben und die Zwangspensionierung empfände er als ungerecht. Durch die Imagination wird er auf den Berg (Konflikt) aufmerksam und noch wichtiger, auf die Gefühle (Enttäuschung, Trauer, Wut), die der Berg in ihm auslöst. Bislang konnte er ihnen immer ausweichen. Nun stellt er sich den Gefühlen und beginnt über sich nachzudenken. Er wird auch auf das Wasser aufmerksam (Ressource), das aber nun langsamer, vielleicht nachdenklicher fließt (Kast, 1988, S. 152ff.).

Ein weiteres Beispiel thematisiert den Unterschied von realem und idealem Ich, der sich symbolisch zeigt. Auch in diesem Beispiel wird auf Gefühle und Gedanken, die zu den unterschiedlichen Symbolen gehören, eingegangen:

Einer Frau, die unter diffusen, funktionellen Bauchbeschwerden leidet, gibt Kast das Motiv des Baumes vor: Die Patientin sieht das Bild einer Araukarie, einem australisch-südamerikanischen Nadelholzgewächs, das bis zu 70 m hoch wird. Der Baum hat nicht sehr viele, aber weitausholende Äste, durch die man hindurchsehen kann, verfügt daneben über einen schlanken Stamm, die Nadeln sind immergrün, dunkel, fast schwarz. Kast bittet die Klientin sich in den Baum einzufühlen. Sie beschreibt: »Ich fühle mich schlank, in mir gestrafft, ich rage in den Himmel und fühle mich ganz weit. Ich habe auch ganz weit verzweigte große Wurzeln. Ich stehe allein...«

Es zeigt sich in der Nachbesprechung, dass sie diesen Baum bewundert, worauf Kast sie bittet einen normalen Baum zu imaginieren. Die Klientin sieht eine Blutbuche, schön, groß, sehr alt, dick-stämmig, fest-bergend, die mit anderen Buchen zusammensteht. Kast bittet sie darauf, die Gefühle, die sie für die beiden Bäume hat, zu unterscheiden. Die Klientin fühlt sich beim bewunderten Baum schlank, hoch, aber durchsichtig und einsam, bei der Blutbuche in sich ruhend und in Gesellschaft von anderen. Im Folgenden lässt sich Ich-Ideal vom realen Ich unterscheiden und der Klientin wird bewusst, wie ihre perfektionistischen Vorstellungen sie immer wieder von ihrer Mitte wegführen, durchsichtig und dünnhäutig werden lassen und einsam stimmen, im Unterschied zum starken, stabilen, gemütlichen, normalen Ich, dass nicht über andere herausragt, sondern mit anderen zusammensteht (Kast, 1988, S. 71ff.)

6.3 Depression in Träumen

Für C. G. Jung war die Arbeit mit Träumen zentral. Charakteristisch für seine Herangehensweise war seine Methode, zuerst die Phänomenologie des Traumes zu verstehen, danach den Traum hermeneutisch zu beleuchten. Zuerst soll der Traum möglichst intensiv subjektiv und emotional betrachtet, danach mit Assoziationen der Patient/innen und der Therapeut/innen angereichert und schließlich sowohl kausal wie final erschlossen und gedeutet werden. Gemeint ist bei der Frage nach der Kausalität: Warum träumt jemand gerade dies und nicht etwas anderes? Damit ist die Frage nach der Ursache gemeint. Dem entgegengesetzt steht die Frage: Wozu träumt jemand gerade das, was die Frage nach der Finalität, nach dem Zweck des Traumes betrifft (Müller & Müller, 2018). Beide Auffassungen ergänzen einander.

Jung ging weiter davon aus, dass das Unbewusste Lösungsansätze für Konflikte und Komplexe liefert. Der Traum hat nach Jung eine kompensatorische Bedeutung, die der Selbststeuerung und Selbstheilung des Individuums dient und diesem hilft, aktuelle konflikthafte Situationen besser bewältigen zu können. Auch unterschied er die objektstufige von der subjektstufigen Deutung eines Traumes: Während erstere auf bekannte Menschen oder Objekte des Träumenden verweist, konzentriert sich die subjektstufige Deutung auf die innerpsychischen Aspekte des Träumenden. Jung bevorzugte die objektstufige Deutung, wenn es sich um eine wichtige Beziehung zu einer anderen Person, hingegen die subjektstufige Deutung, wenn es sich um eine wichtige innere Figur des Träumenden handelte (Müller & Müller, 2018).

6.3.1 Träume und Übertragung/Gegenübertragung

Träume werden innerhalb eines Übertragungs- und Gegenübertragungsgeschehen erzählt. Im Laufe der Behandlung kommen nicht selten Übertragungsträume vor, bei denen von der Therapeutin oder dem Therapeuten geträumt wird. Diese Träume sagen etwas über die analytische Situation und die therapeutische Beziehung aus und können darüber hinaus auf Konfliktlösungsstrategien und Entwicklungsmöglichkeiten des Depressiven hinweisen. Wenn wir vom depressiven Menschen träumen (Gegenübertragungstraum), sollten wir uns fragen, was der depressive Mensch mit uns zu tun hat.

Manche Menschen erzählen uns Träume, weil sie wissen, dass wir uns dafür interessieren und sehen es daher als eine Art Geschenk an, haben aber selber keine starke Motivation, tiefer in die Traumdynamik einzusteigen. Es gehört dann zur therapeutischen Kunst, das symbolische Verständnis bzw. die symbolisierende Einstellung und das Interesse am eigenen, unbewussten Material zu wecken. Andere sind von Anfang an interessiert und wollen mehr über die nächtlichen Träume erfahren. Es gilt abzuschätzen, wieweit dem Klienten oder der Klientin Traummaterial zumutbar ist.

Sandra Portmann-Meyer, die zahlreiche Interviews mit Jungianer/innen zum Thema Trauma führte, bemerkt: »Gerade bei sehr frühen Störungen können sich sehr archetypisch geprägte Träume zeigen, welche für die weitere Entwicklung jedoch nicht wirklich genutzt werden können. Sie können Therapierende mit ihrer archetypischen Symbolhaftigkeit sehr beeindrucken, sind jedoch vielfach ein Hinweis dafür, dass frühkindliche Erfahrungen durch fehlende Resonanz durch nahe Bezugspersonen nicht integriert werden konnten. Eine zu starke Konzentration darauf kann sich destabilisierend und überfordernd auswirken.« (Portmann-Meyer, 2020, S. 54) Sinnvoller sei es in solchen Fällen, den Fokus auf die Alltagsbewältigung oder auf Biographiearbeit zu legen.

Dieser Hinweis ist zum Beispiel bei einem 40-jährigen depressiven Menschen gegeben, der davon träumt, »von Giftspritzen attackiert« zu werden. Weitere Erinnerungen, Gefühle, Überlegungen oder eine Handlung sind im Traum nicht vorhanden. Weder ist klar, wer die Giftspritze führt, noch ist klar, was damit erreicht werden soll. Der Fokus des therapeutischen Gesprächs liegt deshalb darauf, nachzufragen, was in der Gegenwart »giftig« sein könnte, damit der Trauminhalt eine differenzierte Betrachtungsweise erhält. In einem nächsten Schritt folgt die Biographiearbeit, die Zeit braucht, bis die Sichtweise ausgehalten werden kann, dass der Depressive möglicherweise die Mutter als »giftig« empfand und deshalb eine ideale Welt rund um sich als Schutz- und Abwehrmechanismus aufbaute.

6.3.2 Der Initialtraum

Träume helfen uns, eine Hypothese über die Psychodynamik des depressiven Menschen zu bilden. Die therapeutische Erfahrung zeigt, dass gerade in der Anfangsphase der Psychotherapie Träume auftreten können, die die Anliegen der träumenden Person verdichtet aufzeigen und manchmal sogar den Ausgang der Psychotherapie vorwegnehmen. Wir nennen diese Art Träume »Initialträume«.

Eine 63-jährige depressive Klientin träumt nach der ersten Sitzung, eine bestimmte Anzahl Leichen soll ausgegraben werden (Therapeutin: IM). Die Anzahl wird verdoppelt. Sind es 63? Nachher sind es nicht mehr Leichen, sondern eine bestimmte Arbeit muss getan werden. Etwas wird geflickt, es hat mit der Primarschule zu tun, mit Leuten, die nicht mitarbeiten wollen. Sie macht viel (graben, zusammentragen, verschieben), am Schluss kommt alles zusammen, und sie ist zufrieden. Was vorher löchrig und schlecht war, ist nun ordentlich gemacht.

Dieser Initialtraum gibt das Thema der nachfolgenden Therapie vor; Verdrängtes, im obigen Traum Leichen, wird thematisiert, eingeordnet und emotional sowie kognitiv bewältigt. Wenn das symbolische Verständnis und die Ich-Stärke genügend entwickelt sind, bietet die Traumarbeit mit ihren Techniken (objekt- und subjektstufiges Vorgehen, Verbindung zum Wachleben, Assoziationen, Amplifikation etc.) wertvolle Hinweise auf die Psychodynamik der Depression. Das zeigt auch das nachfolgende Beispiel einer subjekt- und objektstufigen Deutung:

Eine Patientin von Kleespies träumt von einer Schlange, die ein anderes Tier angreift und verschlingt. Es stellt sich heraus, dass mit der Schlange die Schwester gemeint ist, die die Patientin als »falsche Schlange« erlebt (objektstufige Deutung). Sie habe häufig im Leben das Gefühl gehabt, ihr gegenüber benachteiligt zu sein, da diese ihr immer alles wegnahm. Das Gefühl des Verlustes von etwas Eigenem, sei ein typisches Merkmal einer depressiven Symptomatik, so Kleespies. Im weiteren Verlauf der Therapie wendet er sich der intrapsychischen Ebene zu und weist darauf hin, dass sie ebenfalls eine Schlange in sich trägt, da sie voller Missgunst, Neid und Habsucht sei (subjektstufige Deutung) (Kleespies, 1998).

Eine objektstufige Deutung sieht und interpretiert die im Traum auftauchenden Personen als reale Personen im Leben des Träumenden, während Traumfiguren bei einer subjektstufigen Deutung als innere Anteile des Träumenden betrachtet werden. Entstand die Depression aufgrund kindlich-regressiven Versorgungswünschen, können sich diese Wünsche auch in Träumen widerspiegeln, wie Kleespies (1998) beschreibt.

Ein 38-jähriger depressiver Patient träumt, dass er in eine tiefe Höhle fällt. Nur noch ein Lichtschimmer dringt von der Außenwelt hinein. Er fühlt sich eingeschlossen. Seine Glieder sind wie aus Blei, er kann sich nicht aufraffen und um Hilfe rufen. Symbolisch gesehen ist der ›Held‹ ins dunkle Unbewusste gefallen und kann sich nicht mehr helfen. Bezeichnend ist es, dass der Patient, als sich die Depression zu lichten beginnt, träumt, dass er in einem Boot sitzt und an Land steuert. »Hier machen sich wieder Aktivität und Zielgerichtetheit bemerkbar.« (Kleespies, 1998, S. 149)

6.3 Depression in Träumen

Die Ursache der Passivität des Patienten liegt in der mangelnden Ablösung von Elternbildern, die die Autonomie des Patienten einschränkten. Erst die Entwicklungsleistung des Ablösekampfes erlaubt es ihm, sich aus der Höhle wieder hinaufzubewegen und zu entfalten.

Die Traumarbeit ermöglicht es, den Fortschritt oder Nicht-Fortschritt einer Psychotherapie zu dokumentieren. Zu Beginn einer Therapie kann nicht zweifelsfrei entschieden werden, wann welche Haltung zur Deutungsarbeit eines Traumes die richtige ist. Individuation ist kein linearer Prozess und Krisen, respektive höhere Verletzlichkeit im Sinne des Vulnerabilität-Stress-Modells sind fast die Regel. Der/die Therapeut/in muss die Stabilität des/der Patient/in also immer wieder neu erfassen und die Deutung des unbewussten Materials entsprechend strukturieren.

Im Folgenden erwähnen wir das Beispiel einer gelungenen Auseinandersetzung mit der Mutter. Die Patientin wurde von der Mutter emotional vernachlässigt, aber durch die Therapie konnte sie die innere Mutter verstärken und Frieden mit der realen Mutter finden.

Eine 45-jährige Patientin war in jungen Jahren in ein Diakonissen-Mutterhaus eingetreten (Therapeut: GR). Später trat sie nach vielen inneren Auseinandersetzungen wieder aus und heiratete. Das Paar hatte zwei Kinder, die heute auf eigenen Beinen stehen. Damals häuften sich die Beziehungsprobleme und die Eheleute suchten eine Paartherapie auf, wodurch ein respektvolleres Zusammenleben möglich wurde. Beide erlebten die Gespräche als hilfreich und entschieden sich schließlich zu einer friedlichen Trennung.

In der gegenwärtigen Einzeltherapie setzt sich die Patientin auf einer tieferen Ebene mit ihrem Elternhaus auseinander. Sie träumt, die Mutter liege mit nacktem Oberkörper in einem Spitalbett (die reale Mutter liegt tatsächlich in einer Pflegeabteilung). Man bringt ihr ein schreiendes Baby, aber die (alte) Mutter hat keine Milch. Später bringt sie ihr selbst das Kind – und jetzt hat die Mutter Milch. In einem weiteren Traum (nach dem Tod der Mutter) träumt sie, sie sei mit dem Fahrrad unterwegs. Auf dem Gepäckträger befände sich ein Grabkranz, der aber auf der Fahrt alle Blumen verliert. Darauf reklamiert sie bei der Floristin.

Im Nachgespräch stellt sich heraus, dass sie sich für eine ehrenvolle Erinnerung an ihre verstorbene Mutter einsetzt. Mit anderen, jungianischen Worten: Sie überwächst die Mutter, was eine wichtige Aufgabe der Indivi-

duation ist. Dieser Prozess wird durch ihren neuen Beruf als Nanny unterstützt, dem sie nach der Trennung von ihrem Mann nachgeht und der ihre eigene Mütterlichkeit fördert.

6.3.3 Traumforschung

2021 fasste Christian Roesler die Forschung zum Thema Traum und Traumdeutung in seinem Buch »Traumdeutung und empirische Traumforschung« zusammen (Roesler, 2021, vgl. Roesler, 2018). Wir fassen hier nur einige wichtige Resultate zusammen und verweisen für weitere Erkenntnisse auf das Buch.

Forschungsresultate belegen eine starke Verbindung zwischen den Themen in den Träumen und in der Psychotherapie, insbesondere von solchen, die mit starken Emotionen verbunden sind. Roesler zitiert verschiedene Traumforscher und deren Ergebnisse (2021), so etwa Palombo (1982)), der nachweist, dass Klient/innen Inhalte aus den analytischen Sitzungen in den nachfolgenden Träumen verarbeiten. Hill (2017) erwähnt, dass Klient/innen in der Psychotherapie die Arbeit mit Träumen als hilfreicher als Sitzungen ohne Traumarbeit empfinden. Traumarbeit führt zu einer besseren Bewältigung des bearbeiteten Problems und direkt zu einer Reduktion depressiver Symptome. Resultate einer weiteren Forschungsgruppe (Bradlow & Bender, 1997)) ergeben, dass der Initialtraum aus einer Analytischen Psychotherapie Informationen zu den zentralen Themen der Klient/innen enthält. Eine Studie des Jungianers Faber aus dem Jahr 1983 belegt zudem, dass Imaginationen zu Traumthemen dazu führen, dass der Anteil archetypischer Träume (mythologische Parallelen, stärkere Affektivität, irrationale oder surreale Abläufe) zunimmt. Roesler geht mit ihm davon aus, dass die Imaginationsarbeit archetypische Inhalte des Unbewussten aktiviert (Faber, 1983).

6.4 Depression in Mythen

Mythen und Märchen spiegeln in der Auffassung der Analytischen Psychologie verdichtete Lebenserfahrungen der Menschen quer durch alle Kulturen und Zeiten wider. Sie geben Auskunft darüber, wie Menschen in einem narrativen Zugang Probleme und Grundfragen sehen und wie diese gelöst werden können. In der Analytischen Psychologie nennen wir diese Herangehensweise (oder Technik) Amplifikation, bei der der Bedeutung der auftauchenden Symbole in Religion, Literatur, Kunst, Märchen und Mythen nachgegangen wird. Dies hilft, einen allgemeinmenschlichen Zusammenhang herzustellen, der Gefühle der Verbundenheit mit allen Lebensprozessen bewirkt, was befreiend und gleichzeitig tröstend wirken und mit Ressourcenarbeit verbunden werden kann.

> *Eine depressive Patientin klagt, es sei alles falsch an ihr und sie wisse nicht mehr, wer sie eigentlich sei (Therapeutin: IM). Sie befinde sich in einer totalen Krise, nichts stimme und allen anderen gehe es gut, nur ihr nicht. Die depressive Krise bahnte sich nach einer Trennung an, bei der die Klientin in eine spätadoleszente Identitätskrise hineinrutschte. Sie stabilisierte sich, als sie erfuhr, dass es vielen Menschen so wie ihr gehe oder gegangen sei, dass viele Mythen und Geschichten von dieser »Nachtmeerfahrt« handeln wie etwa in der biblischen Geschichte von Jonas und dem Wal und dass es darum gehe, nicht zu verzagen, an seine Kräfte zu glauben, zu kämpfen und Hilfe anzunehmen. Dass es auch darum gehe, den Sinn hinter der Krise zu sehen und sich zu fragen, was die Krise mit ihrer Entwicklung zu tun haben könnte. Die Therapeutin stellte ihre Krise in einen größeren, kulturellen Zusammenhang.*

Wir möchten im Folgenden einige Mythen und Märchen zu Depression vorstellen. Es geht nicht um eine vollständige Interpretation, sondern nur um einige Hinweise. Die Depression ist ja oft dadurch gekennzeichnet, dass das Ich stur an etwas festhält, nicht bereit ist etwas aufzugeben, zu opfern und sich nicht aufmachen will, den mühsamen und unsicheren Weg der Entwicklung zu beschreiten.

6.4.1 Tod und Wiedergeburt bei Jonas und der Wal

Wenden wir uns nun einem Mythos zu, bei dem sich das sehr schön aufzeigen lässt und der weltweit in verschiedenen Varianten vorhanden ist (Frobenius, 1904). In unserem Kulturraum wurde der in der Bibel, im Zwölfprophetenbuch als Jonas-Geschichte (Bibel, 1987) aufgenommen. Juden nahmen Motive der griechischen Mythologie auf und passten sie an ihre eigenen Mythen an (Steffen, 1982,).

Die Erzählung beginnt damit, dass Jonas von Gott den Auftrag erhält, nach Ninive zu gehen und der Stadt und ihren Bewohnern wegen ihrer Bosheit eine Strafe Gottes anzudrohen. Jonas ist damit ein Auserwählter Gottes, er wird berufen, aber er folgt dem Ruf nicht, psychologisch gesehen, folgt er der inneren Stimme nicht. Er hört die Stimme zwar, aber er flieht in die entgegengesetzte Richtung. Vielleicht ist ihm der Weg zu mühsam, und er drückt sich vor der Aufgabe oder er weiß nicht, was er tun soll. Denn Jonas geht nicht in Richtung Osten nach Ninive, sondern nach Jaffa, wo er ein Schiff in Richtung Spanien besteigt; er flieht also von Israel aus gesehen in die entgegengesetzte Richtung.

Gott entfacht aber auf dem Meer einen gewaltigen Sturm, durch den das Schiff in Seenot gerät. Psychologisch gesehen, kommt eine Krise auf, die alle durchschüttelt und gefühlsmäßig überschwemmt. In der Geschichte fürchten sich die Schiffsleute und werfen Geräte aus dem Schiff ins Meer, um das Schiff leichter zu machen. Jonas aber steigt in den untersten Schiffraum hinunter, legt sich nieder und schläft einfach ein. Da geht der Kapitän zu ihm und fragt: »Wieso schläfst du? Rufe deinen Gott zu Hilfe.« Da sagt Jonas zum Kapitän: »Packt mich und werft mich ins Meer, damit das Meer sich beruhigt und von euch ablässt! Denn ich weiß, dass dieser schwere Sturm meinetwegen über euch gekommen ist.« (Bibel, 1987, 1,6–1,12). Da werfen sie ihn ins Wasser. Und das Meer wird ruhig.

Das ist der Wendepunkt der Geschichte. Gott, die Natur und die Schiffsbesatzung sind erzürnt, da läuft Jonas vor seiner Bestimmung nicht mehr davon und übernimmt Verantwortung. Sein Bewusstsein hat die unbewusste Botschaft gehört, er akzeptiert, dass er sich seinem Gott stellen muss. Jonas entscheidet, sich zu opfern, damit das Schiff und die Matrosen überleben. Damit akzeptiert er psychologisch gesehen die Regression, er sinkt in das dunkle, ungewisse Chaos hinein, das aber durch einen auftauchenden Wal gemildert wird. Der Fisch verschlingt ihn, aber nicht, um ihn zu töten, sondern um ihm einen Raum, eine Höhle zu bieten, in dem er überleben kann.

Jonas bleibt drei Tage und drei Nächte im Bauche des Fisches und betet. Psychologisch gesehen löst sich damit das Bewusstsein nicht auf, sondern stellt eine neue, archetypische Beziehung zum Unbewussten her, indem sich Jonas seinen (Todes-)Ängsten stellt, indem er die Unsicherheit, was mit ihm geschieht zulässt. Um sich wandeln zu können, muss das Bewusstsein seine Kontrolle aufgeben, und etwas opfern (Dieckmann, 1974). Nur dann ist die Haltung zum Unbewussten offen, und die belebenden Kräfte des Unbewussten können einsetzen. Jonas bewusste Haltung hat sich komplett verändert, er folgt nun der inneren Stimme und wendet sich ostwärts zur Stadt Ninive, um seine ihm von Gott gestellte Aufgabe zu erfüllen.

6.4.2 Tod ohne Wiedergeburt bei Moby Dick

In anderen kulturellen Erzeugnissen gelingt die Wandlung bzw. Entwicklung nicht. Solche Geschichten liefern ebenfalls verdichtete Lebenserfahrungen der Menschen und weisen auf problematische Haltungen hin. Eine solche Geschichte ist die Erzählung von Ahab und dem Wal Moby Dick (Melville, 2017). Für unsere Zwecke ist die Frage interessant, woran es liegt, dass die Depression bzw. der Sog in die Tiefe und die »Wiedergeburt« nicht aufgehalten werden können.

Der amerikanische Schriftsteller Herman Melville beschrieb im Roman die Reise eines Walfangschiffes, dessen Kapitän (Ahab) mit blindem Hass und Rache den weißen Pottwal Moby Dick jagt, weil dieser ihm ein Bein abgerissen hat. Die Erzählung kreist um das archetypische Motiv des Verschlungen-Werdens. Während aber der Jonas-Held verschlungen und wieder ausgespien wird, kämpft Ahab gegen das Ungeheuer, stürzt sich in dessen Rachen, um den Pottwal zu töten und wird dabei selbst getötet.

Ahabs Motiv ist die Rache für sein verlorenes Bein. Er heuert zu diesem Zweck Menschen von überall an, segelt mit ihnen auf seinem Walfangschiff halb um die Welt, immer auf der Suche nach dem weißen

Wal. Ahab gibt nicht auf, er will obsessiv bis ans Ende mit ihm ringen – bis Moby Dick tot ist. Dieses Vorgehen ist anders als bei Jonas. Statt dass sich das Ich zugunsten des Selbst und somit der Wandlung aufzulösen bereit ist, wie es bei Jonas geschieht, verfestigt und verhärtet es sich, es erhält das »kostbar zu Erreichende« (C. G. Jung) gerade nicht, sondern produziert seinen Untergang.

Der Jungianer Edward F. Edinger nennt Melvilles Moby Dick eine *Nekyia* (griech. Nekyia = Totenopfer, Leichnam) (Edinger, 1995). Mit Nekyia bezeichnete man in der Antike den Mythos, bei dem ein Gott, ein Heros oder ein Mensch in die Totenwelt hinabsteigt, um dort in die Zukunft sehen zu können oder um die Macht des Todes zu brechen oder um etwas zurückzuholen. Die Heldenfiguren *Theseus*, *Herakles* und *Aeneas*, die Sterblichen *Orpheus* und *Alkestis* suchten den Hades auf (ebenda). C. G. Jung benutzte diesen Begriff ebenfalls, um den Abstieg in die Unterwelt, die Hades- oder die Nachtmeerfahrt zu bezeichnen (Jung, 1943, §61, Fußnote). Edinger erwähnt den Begriff Nekyia im Zusammenhang mit Moby Dick, weil er Ahab als jemand anschaut, der in die Unterwelt absteigen will und sich dem Unwägbaren aussetzt, insofern psychologisch betrachtet die Nachtmeerfahrt unternimmt. Dazu gehört auch ein Opfer zu bringen. Ist Ahab bereit dazu oder anders gefragt, wieso ist er so besessen?

Die Geschichte wird von Melville aus der Perspektive des Matrosen Ishmael erzählt:

Ismael heuert auf einem Walfangschiff an (wie übrigens auch Melville selber), als er keine andere Möglichkeit mehr findet, zu Arbeit zu kommen. Er ist von sich selbst entfremdet, in einem Zustand der Depression, der Leere und der Sinnlosigkeit, umgeben von Chaos, Schatten und Rätselhaftigkeit. Noch schlimmer geht es psychisch Ahab, der wie Ismael ein Hinausgeworfener ist, der die archetypische Erfahrung des Exils zutiefst kennt.

Das ist der Untergrund der Geschichte des weißen Wals. Der Wal erhält in ihr symbolisch die Bedeutung des Selbst, er ist heilig, worauf die weiße Farbe hindeutet. Ein anderer Matrose auf dem Schiff, *Starbuck*, deutlich ein Gegenspieler von Ahab, sagt denn auch, es sei eine Blasphemie, den weißen Wal zu jagen. Für Edinger steht hinter dem blinden Zerstörungswunsch von Ahab eine tiefe und unbewusste Sehnsucht nach einer Zerstückelung seiner Hybris, um damit dem Selbst begegnen zu können. »In seiner arroganten Hybris personifiziert Ahab den Teil seines Ich-Bewusstsein, der mit dem Selbst identifiziert ist: Wenn sich eine fortschreitende Differenzierung zwischen dem Ich und dem Selbst entwickeln soll, muss sich die Ich-Selbst-Identität (Ahab) auflösen.« (Edinger, 1995, S. 66, übers. IM) Ahab ist ja bereits ein teilweise zerstückelter Mann, verursacht durch Moby Dick. Eine Phase der Transformation ist bereits geschehen, aber Ahab will mehr, er will den Zerstückler zerstückeln (»dismember his dismemberer«) (ebenda, S. 67, übers. von IM)).

Ahab will sich unbewusst, so Edinger, von seiner Rache, die zu einer Identifikation des Ich mit dem Selbst, geführt hat, befreien. Edinger mag indirekt recht haben, aber zunächst einmal ist offensichtlich die Rache das Motiv, das zwanghafte Festhalten an einer Vorstellung, die kindliche und aggressive Sehnsucht, dasjenige zu töten, das einem weh tut, auch wenn damit das ganze Leben geopfert wird. Das Band zum Unbewussten ist damit enorm angespannt, denn in einem solchen Zustand ist keine Introspektionsfähigkeit, keine symbolisierende Einstellung mehr möglich, die Jonas im Wal aufrechterhalten konnte. Dies ist eine viel offensichtlichere Deutung als diejenige von Edinger.

Der Wal repräsentiert die präverbale, unbewusste Psyche, die numinose und erschreckende Lebensenergien enthält. Jonas kann seine Introspektionskraft und seine symbolisierende Einstellung behalten. Moby Dicks Geschichte hingegen ist die Geschichte eines getriebenen Menschen, der den Kontakt mit dem Unbewussten verliert bzw. die Achse zu sehr anspannt und die symbolisierende Einstellung zerstört.

Zurück zur Geschichte: Als es so weit ist, und der weiße Wal erscheint, kann Ahab nicht überlegen, wie er mit ihm umgehen soll, er wird von Impulsen und einer inflationären Ich-Selbst-Identität getrieben. Drei Tage jagt er den Wal, analog den drei Tagen, die Jonas im Wal ausharren muss. Der Wal umrundet immer wieder das Schiff, insofern ist die Schiffsbesatzung ebenfalls eingeschlossen. Ahab realisiert seine Identifikation mit der archetypischen Kraft in dem Moment, als sich die Harpune-Leine, die er für den Wal hinausgeworfen hat, um seinen eigenen Hals legt. Er gibt seine Rache auf, doch zu spät. Der Wal reißt ihn in die Tiefe. Ahab wird, symbolisch gesprochen, nicht wieder geboren. Ahab vermag es nicht, die archetypischen Energien zu meistern und standzuhalten. Die Depression verschlingt ihn, psychologisch gesprochen; Ahab ist fast bis zuletzt nicht bereit seine Rache zu opfern. Er ist verrückt nach Rache, sein Bewusstsein wird von diesem unbewussten Wunsch, von diesem archetypischen Drang völlig überrannt, er kann nicht mehr klar denken. Sein Ziel der Wiedergeburt wird ihm nicht gewährt, sondern er wird in die Tiefe gezogen und insofern bestraft. Vom Walfisch verschlungen zu werden, hat psychologisch eine tiefe Bedeutung, es geht um die Melancholie und die schwere Depression.

6.4.3 Größenphantasien bei Narziss

Der Mythos von *Narziss* kann ebenfalls im Zusammenhang mit einer Depression gesehen werden (Kleespies, 2001) und zwar eine bezüglich der Selbstwert-Regulation und der Identitätsbildung. Narziss kann sich nicht richtig erkennen, er leidet an zu wenig Selbst-Bewusstsein, um sich zu kennen, zu erkennen und sich anzunehmen. Deshalb lebt Narziss im »Zwiespalt mit sich, er ist nicht mit sich eins: Ein Bild für eine mangelhafte Identitätsbildung« (Kleespies, 2001, S. 117). Deshalb sucht sich Narziss unablässig selbst, im Spiegelbild des Wassers, aber gemäß Kleespies auch in der Überschätzung und Idealisierung der anderen, in der Abhängigkeit von anderen anstatt in einer echten Beziehung. Es sind unbewusste Größenfantasien, die wiederum auf den Menschen zurückwirken, indem er sich klein, ungeliebt und minderwertig vorkommt und dringend auf den idealisierten Anderen angewiesen ist, um sich zu stabilisieren. Der depressive Mensch projiziert die Idealisierung auf den anderen, um von der inneren Leere abzulenken. Oder man lässt sich von anderen idealisieren – auch vom Spiegelbild – um von der inneren Leere, dem Minderwertigkeitsgefühl etc. abzulenken.

6.5 Depression in Märchen

Ressourcenarbeit und Konfliktarbeit sind ebenfalls mit Märchen möglich. Dabei zeigen uns Märchen wie die Mythen nicht nur gelungene Lösungen auf, sondern auch solche, bei denen eine Entwicklung aus der Depression nicht gelingt. Wir gehen im Folgenden auf einige solcher Märchen ein. Es gäbe weitere wie »Joringe und Joringel« (Kleespies, 1998) oder »Die kleine Meerjungfrau« (Kleespies, 1998), die den Umgang mit Depressionen zeigen, auf die wir hier aber nicht weiter eingehen, sondern nur auf sie verweisen möchten.

Ein schönes Beispiel dafür, was Märchenarbeit vermag, zeigt Verena Kast anhand des Märchens »Der Blaubart« auf, das ihr in einer Sitzung mit dem Klienten als Gegenübertragungsreaktion einfiel. Sie besprach dieses Märchen ausführlich mit dem Klienten etwa ein halbes Jahr lang, wobei der Klient das Märchen von jeder Märchenfigur aus betrachtete und sich dergestalt mit seinem tiefgreifenden Aggressionsproblem und dessen Lösung befassen konnte (Kast, 1990).

Das Märchen »Das Mädchen ohne Hände« (Brüder Grimm) weist auf einen depressiven Grundkonflikt hin und zeigt deren Lösung auf.

6.5.1 Entwicklung aus der emotionalen Vernachlässigung

Die Ausgangssituation dieses Grimm-Märchens (Helbling, 1987a) besteht darin, dass ein Müller in Armut geraten ist und nur noch seine Mühle und den Apfelbaum dahinter besitzt. Er erliegt deshalb der Versuchung des Teufels, Reichtum zu erlangen, wenn er dafür seiner Tochter die Hände abschlägt. Was auffällt, ist die Tatsache, dass die Mutter keine Rolle spielt, und der Vater nichts unternimmt, um seine Tochter zu kämpfen. Das Mädchen scheint emotional vernachlässigt zu werden und hat wenig Möglichkeiten Geborgenheit im Elternhaus zu finden und Selbstwert und Selbstwirksamkeit zu entwickeln. Eine Elternachse und eine Bindung sowohl zu Vater und wie zur Mutter, die für die Entwicklung einer stabilen Identität nötig wären, scheinen nicht vorhanden zu sein. Keine Hände mehr zu haben heißt, nicht handlungsfähig sein. Den einzigen Halt findet das Mädchen in einer volksverbundenen Religiosität.

Aus dieser Ausgangssituation heraus zieht das Mädchen los, begegnet einem Engel und dem König, der das Mädchen heiraten will. Das Leben geht damit weiter und altersadäquate Entwicklungen sind möglich, trotz der emotional ungenügenden Startphase im Leben. Diese Erfahrung machen wir oft in der Psychotherapie. Depressive Menschen können zunächst normale Entwicklungs- und Reifungsschritte durchlaufen, Ausbildungen abschließen, Beziehungen eingehen und anderes mehr, bis eine Krisensituation auftaucht.

Die Krise ergibt sich, da im Märchen der Teufel erneut auftaucht. Er vertauscht einen Brief, der dem König, der in den Krieg gezogen ist, die Geburt eines Sohnes bzw. eines Wechselbalges meldet. Der König lässt sich in seinem Vertrauen in die Königin nicht beirren und schreibt zurück, man solle das Kind sorgfältig pflegen und großziehen. Aber der Teufel vertauscht den Brief erneut und die Königsmutter erhält den Befehl, Königin und Kind zu töten. Aber die Mutter gehorcht nicht, sondern schickt die junge Königin zu ihrer eigenen Sicherheit weg.

Die lange Abwesenheit des Königs aktiviert die frühere emotionale Vernachlässigung seiner Frau, und damit die Themen der Bindung und des Vertrauens. Die junge Königin fühlt sich alleingelassen, nur noch von ihrer Frömmigkeit gehalten. Sie zieht sich in den Wald zurück, wo sie sieben Jahre bleibt. Der depressive Rückzug wird damit thematisiert, der entweder zur Heilung oder zur Stagnation führt, in unserem Falle ist der Ausgang positiv.

Denn der König kommt aus dem Feld zurück und beschließt seine Frau und sein Kind zu suchen, er findet sie und den Sohn. Ihre Hände sind in der langen Zeit nachgewachsen. Er erkennt sie und führt sie zurück ins Königshaus. Der Sohn heißt »Schmerzenreich«, der Name steht wahrscheinlich für die Schmerzen in der Beziehung des Paares. Der Ort, an dem die entscheidende Entwicklung stattfindet, heißt »Hier wohnt ein jeder frei«, er ist mitten im wilden Wald, und die Entwicklung passiert unter der Obhut eines Engels. Die junge Königin lässt sich auf den Engel ein und zieht ihren Sohn in einem Raum groß, in dem sich beide frei entwickeln können, wo sie sich ihren Gefühlen der emotionalen Vernachlässigung stellen kann, unterstützt durch die Ressource ihrer natur- und volksverbundenen Religiosität. Woher das Mädchen diese Resilienz hat, wissen wir nicht, aber in Therapie und Analyse ist es wichtig, diese zu entdecken und solchen Ressourcen zu vertrauen. Es geht darum, einen Raum zu schaffen, an dem jeder und jede frei sein darf. Dieser Platz kann unsere Praxis darstellen oder den inneren Raum des depressiven Menschen, an dem er seinen spirituellen Wurzeln (im Sinne von Verbunden-Sein mit einem sinnvollen und transzendierenden Leben) nachgehen kann, um in vielleicht jahrelange Arbeit das depressive Grundproblem der emotionalen Vernachlässigung hinter sich lassen zu können.

6.5.2 Überwindung der Idealisierungstendenz

Das Märchen »Die Frau, die auszog, sich ihren Mann zurückzuerobern« zeigt die Ursache einer Depression aufgrund starren Festhaltens, fehlender Zulassung von Trauer und idealistischen männlichen Vorstellungen von Frauen auf. Frauen werden dadurch zu einem Faszinosum, ein wirklicher, realistischer Bezug zu ihnen fehlt, nicht zuletzt aufgrund einer zu geringen Abgrenzung von der Mutter, an der innerlich festgehalten wird. Erst eine bezogene Haltung, die den Wandel und die Entwicklung mit ganzem Sein und Tun zulässt, heilt die Depression. Nötig dafür ist ein Zugang zu den aggressiven Kräften, mit denen der Betroffene entschlossen und konzentriert idealistische und destruktive Bilder und Komplexe abwehren kann.

Das folgende Märchen und dessen Märcheninterpretation ist dem Buch von Verena Kast »Liebe im Märchen« (1992) entnommen. Ausgangsbasis ist ein alter, blinder König mit drei Söhnen. Der König möchte wieder sehen können, aber niemand weiß Rat, außer einem Zauberer, der ihm rät, seine Augen mit dem Wasser aus einem Brunnen einer Hexe, die auf einer felsigen Insel am Ende der Welt wohne, zu benetzen (Lebenswasser). Auch in diesem Märchen fehlt das Mütterliche, es wird nichts von einer Königin oder einer Tochter geschrieben. Weiter ist der König alt. Gemäß Kast bedeutet dies, dass er starr und unbeweglich geworden ist und dass ihm der schöpferische Schwung fehlt, starre Gesetze treten anstelle von Erneuerung. Der König beansprucht Macht, ohne auf etwas bezogen zu sein.

Das Lebenswasser, das den König gesund machen könnte, erhält man jedoch nur, wenn man sein Leben einsetzt, wenn man sich der Aufgabe hingibt, wenn man eintaucht in den fließenden Strom des Lebens. Das ist es gerade, was dem König fehlt: Er hält an etwas fest, vielleicht kann er nicht trauern, vielleicht um seine Frau? Er lässt das Unbewusste nicht zu. Das Lebenswasser muss geholt werden, das heißt, man muss sich darum bemühen, man muss sich auf den Weg machen. Es befindet sich meist am »Ende der Welt, sieben mal sieben Tagesritte entfernt ... also jenseits von allem, was mit dieser Welt noch zusammenhängt – alles in allem ein Bild für einen abgespaltenen Komplex.« (Kast, 1992, S. 110) Die Hexe selbst ist teuflisch: Das bedeutet, das, was sie verkörpert, wird verdrängt, eben die Quelle der Erneuerung. Diese Hexe verwöhnt, verführt, betört und versteinert. Sie ist dadurch zum einen die Hüterin der heilenden Quelle, zum anderen aber auch eine Medusa, deren Anblick versteinert, also eine typisch polare und archetypische Gestalt. Die Versteinerung erinnert an ein Symptom einer schweren Depression, an den Stupor!

Alle drei Söhne machen sich auf den Weg, das Lebenswasser zu holen, weil der König demjenigen, der es zurückbringt, die Krone und das Land verspricht. Alle treffen bis an das Ende der Welt ein, wo das große Meer liegt. Sie lassen sich von einem alten Fischer zur felsigen Insel inmitten des Wassers rudern. Der Fischer rät allen aufzupassen, weil auf dort eine Hexe wohne, die alle verzaubert, wenn man ihren Reizen erliegt. Aber alle drei hören nicht richtig zu und scheitern in der Folge. Sie werden von der Hexe verzaubert (versteinert), indem sie ihnen die Erfüllung ihrer Wünsche (Verwöhnung mit Nahrung und Bilder von faszinierenden Frauen) vorgaukelt.

Das Ich-Bewusstsein der drei Söhne ist zu wenig weit fortgeschritten, sie scheinen zu wenig vom Mutterkomplex abgelöst zu sein, da sie leicht mit verwöhnenden Bildern abzulenken sind, als ob sie innerlich am Idealbild einer spendenden Mutter festhalten möchten. Auch scheint die Mutter identisch mit der Anima (Frauenbild des Mannes) zu sein, weil die drei Söhne dem Trugbild einer idealen Beziehung erliegen, die nur auf der Basis von Faszination besteht. »Sie wissen nicht, dass man ... ungeheuer fasziniert sein kann und dass es wichtig wäre, zwischen sich selbst und der Faszination einen Fuß zu setzen, weil man sich auch von einer Faszination nicht einfach bestimmen lassen soll,« erklärt Kast (ebenda, S. 112). Man muss diese idealistischen Vorstellungen von Beziehung opfern (Dieckmann, 1974), man muss einen Preis bezahlen, wenn man aus der Depression, die ja immer idealistische Bilder produziert, herauskommen will. So schwanken die drei zwischen Idealisierung und Entwertung hin und her; die Frau ist entweder Hexe oder Faszinosum, ohne je eine bewusste Einstellung zur Frau entwickeln zu können.

Das Märchen beschreibt sodann, dass der König schwermütig wird und sich depressiv zurückzieht, als keiner seiner Söhne zurückkommt, das Land verfällt immer mehr und mehr. Nach Kast haben Märchen, die mit dem Lebenswasser zu tun haben, immer mit Depression zu tun. Sie kann nur überwunden werden, indem man etwas opfert und das Neue, das sich ins Leben drängt, zulässt – statt am Alten festzuhalten – und indem man Gefühle wie Trauer, Wut, Enttäuschung, Verzweiflung etc. zulässt. Die Frau des Ältesten weint im Märchen um ihren verlorenen Mann, sie kann Gefühle des Verlustes zulassen. Es geht ihr nicht um Macht, sondern um Beziehung und sie entscheidet, in Männerkleider gehüllt ihren Mann zu suchen. Am Meer angekommen, trifft sie auf den alten, weisen Fischer, dem sie genau zuhört. Dadurch verhilft er ihr zu Einsichten, er gibt ihr Hinweise, was mit den drei Männern geschehen ist und was sie im Schloss der Hexe machen soll.

Im Schlosshof verwandelt sich die Hexe rasant von einer Frau zur anderen, aber nichts greift. Die Frau des ältesten Mannes bleibt konzentriert und lässt sich nicht ablenken, sie bleibt auf sich bezogen und schaut nicht auf die vorgegaukelten Bilder. Schließlich stößt sie mit dem Schwert zu. »Das heißt, sie durchdringt das Problem, sie grenzt sich klar aggressiv ab,« sagt Kast (Kast, 1992, S. 117). Als die Hexe tot ist, kehrt die Lebendigkeit zurück. Das Gefolge der Hexe rät ihr, mit dem Lebenswasser die versteinerten Prinzen zu erlösen, was sie tut und diese erwachen. Der älteste schließt sie zärtlich in die Arme. Alle reiten nach Hause. Als der König von der Heimwehr hört, kommt er aus seiner Kammer heraus. Die Frau besprengt seine Augen mit dem Lebenswasser, er kann darauf wieder sehen, ist überglücklich und überträgt ihr die Krone seines Reiches. Die versteinerte Depression des Königs und die Stagnation am Königshof ist damit endlich aufgehoben. Die Entscheidung sich klar von destruktiven Kräften abzugrenzen ist »die Quintessenz des Arbeitens an einem destruktiven Komplex«, so Kast (ebenda, S. 117). Nur so kann die Depression geheilt werden, sagt das Märchen, nur mit der aggressiven Abgrenzung gegenüber den destruktiven Kräften der Depression.

6.5.3 Misslungene Problemlösung

Das Grimmmärchen »Von dem Tode des Hühnchens« (Helbling, 1987b) zeigt eine depressive Entwicklung auf, die zu keiner Heilung führt. Auch dieses Märchen ist bedeutsam: Es weist darauf hin, was in einer Entwicklung fehlt und notwendig wäre. Im Märchen geht ein Hühnchen mit einem Hähnchen Nüsse suchen auf einem Berg, der voller Nüsse ist. Sie vereinbaren, die gefundenen Nüsse zu teilen, aber das Hühnchen findet eine besonders große und will sie nicht teilen. Es hält sich nicht an die Abmachung, die im Grunde etwas zwanghaft tönt. Es sind Nüsse in Hülle und Fülle vorhanden. Das Hühnchen will die Nuss essen, aber sie bleibt ihm im Hals stecken, worauf es in Panik gerät, ersticken zu müssen. Es schreit dem Hähnchen zu, schnell Wasser zu holen. Diese Problemlösung scheint fraglich. Die Nuss ist offensichtlich in die Luftröhre gelangt, wo sie stecken bleibt und zur Atemnot führt. Das Hühnchen schreit nach Wasser, aber die Nuss ist in der Luft-, nicht in der Speiseröhre, sonst müsste es würgen. Wasser ist demnach die falsche Hilfe.

Auch die weiteren Krisenstrategien bleiben erfolglos; das Hähnchen wird vom Brunnen zur Braut geschickt, die von ihm verlangt, zuerst den Brautkranz zu holen, sodass es viel zu lange dauert, bis das Hähnchen zum Wasser kommt. In der Zwischenzeit ist das Hühnchen erstickt. Als das Hähnchen zurückkommt und sieht, dass das Hühnchen gestorben ist, schreit es laut auf und plant das Begräbnis. Es bindet das Hühnchen auf einen kleinen Wagen und spannt sechs Mäuse davor, um zum Friedhof zu fahren. Auf dem Weg treffen sie einen Fuchs, einen Wolf, einen Bären, einem Hirsch, einen Löwen und noch viele weitere Tiere des Waldes an, die alle mitkommen möchten und hinten auf dem Wagen aufsitzen. Alle Tiere sitzen hinter dem Rücken des Hähnchens auf dem Wagen.

6.5 Depression in Märchen

Depressionen entstehen, psychodynamisch gesehen, häufig aufgrund falscher Lösungsansätze, was hier der Fall ist. Es wird die falsche Hilfe gesucht, zu viel auf den Wagen gepackt, es wird zu viel gewollt. Das Hähnchen befolgt außerdem blind die Anweisungen des Hühnchens, des Brunnens und der Braut und denkt über richtig oder falsch nicht selbst nach, es wirkt hilflos. So geht es in der Geschichte weiter, denn als die Trauergesellschaft an den Bach kommt, wissen sie nicht, wie sie darüberfahren sollen. Ein Strohhalm sagt, er wolle sich darüberlegen, aber er fällt ins Wasser und mit ihm die Mäuse; eine glühende Kohle bietet Hilfe an, aber verlöscht, als sie sich ins Wasser legt; ein Stein will ebenfalls helfen, was auch nicht hilft, und als das Hähnchen den Wagen selbst ans andere Ufer ziehen will, fällt es zusammen mit allen ins Wasser, und alle ertrinken außer dem Hähnchen. Es begräbt das Hühnchen, schaufelt einen Hügel darüber, setzt es sich darauf und grämt sich so lange, bis es auch stirbt; und dann sind alle tot.

Zusammengefasst zeigt dieses Märchen psychodynamisch auf, dass die Beziehung von Hühnchen zum Hähnchen vermutlich zwanghaft-symbiotisch ist. Solche Beziehungen können Halt geben, aber sobald sich der Protagonist daraus entwickeln will oder wenn sich eine Krise anbahnt, kommt es zu Konflikten, die dann nicht selten zu Depressionen führen, weil man Gewohnheiten opfern und sich in unbekannte Gewässer begeben muss. Das Hähnchen gehorcht blind, ohne selbst zu überlegen und klar zu denken. Es scheint blockiert und regrediert auf ein kindliches Niveau, die Bedürfnisse der anderen brav erfüllend. Das kindliche Verhalten entsteht bei depressiven Menschen, wenn sie einen Verlust erleben, den sie nicht betrauern können, stattdessen in ein agitiertes, klammerndes Verhalten verfallen, das unbewusst von Ärger und Frustration geprägt ist.

Dieses Märchen zeigt schön die ambivalente Beziehung der beiden auf; der eine verfällt dem Futterneid, indem er die Nuss allein will, der andere agiert kopflos und will zu viel. Was fehlt, sind Autonomieschritte aus der engen Bindung heraus, mit eigenständigen Tätigkeitsbereichen oder reflektierten, eigenständigen Überlegungen. Diese symbiotische Bindung ist nicht lebbar. Das Hähnchen handelt bei der Hilfesuche kopflos, es will das Problem nach dem Willen des Hühnchens lösen (Wasser trinken), setzt bei der Wassersuche keine Schwerpunkte, geht auf alle Bedingungen ein. Das Hühnchen selber ist in einem Röhrenblick gefangen, der möglicherweise mit Selbstvorwürfen und Schuldgefühlen verbunden ist. Energie und Tatkraft sind zwar vorhanden, können aber nicht gezielt eingesetzt werden – und auch das erleben wir immer wieder bei depressiven Menschen.

7 Besondere Probleme

7.1 Grenzen der Behandlung

Bereits an einigen Stellen in diesem Buch haben wir auf verschiedene besondere Probleme in der Behandlung von depressiven Menschen hingewiesen. Es handelt sich insbesondere um Probleme, die sich bei chronisch Depressiven und in der Übertragung/Gegenübertragungs-Dynamik zeigen (Widerstand, unterdrückte Aggressionen und negative therapeutische Reaktionen). Bei chronischen Patient/innenliegt die Priorität im Aufbau einer tragfähigen, therapeutischen Beziehung und nicht darin, vorgegebene »Manuale« zu befolgen. Bescheidenheit, Geduld und Demut sind wichtig. Unsere Aufgabe besteht darin, die Schwierigkeiten des (chronisch) depressiven Menschen aufgrund hochambivalenter innerer Bilder von Bindungserfahrungen wahrzunehmen, zu verstehen und auszuhalten. Der Psychoanalytiker David Taylor beschreibt als Schwierigkeiten »die kritischen Missverständnisse, das Zurückhalten, die Abneigungen, die Ängste, das Widerstreben und das Unbehagen; das durchdringende Gefühl emotionaler Abwesenheit statt emotionaler Präsenz, das Ausbleiben eines Gefühls der Fülle und die stets gegenwärtigen Ängste vor Hunger und Mangel; das Zunichtemachen guter Erfahrungen und die Ablehnungen, das Suchen nach schlechten Erfahrungen und die tiefsitzende Konfusion zwischen guten und bösen Objekten.« (Taylor, 2010, S. 852)

Wir müssen immer wieder erneut den Dialog herstellen, die Dinge versuchen in Worte zu fassen, Einsicht vermitteln, stabilisieren und auf positive Entwicklungen hinweisen. Auch bei diesen Menschen gilt das, was bei traumatisierten Menschen gilt: Es muss akzeptiert werden, dass

»in einigen Fällen die Belastbarkeit brüchig oder die Aufnahme- und Verarbeitungsfähigkeiten beschränkt bleibt oder der Veränderungswille und -kraft nicht vorhanden ist.« (Portmann-Meyer, 2020, S. 48) Auch das Verbleiben in der Opferidentität kann bevorzugt werden oder eine unüberblickbare Komorbidität vorhanden sein. Nicht jede Behandlung resultiert in der Fähigkeit, den Blick nach innen zu richten und beispielsweise zu imaginieren. Wir müssen Grenzen akzeptieren in der Behandlung aufgrund der Persönlichkeit der Patient/innen. Entwicklung muss reifen, das kann sehr lange dauern oder stillstehen. Nicht jeder Mensch kann sich zum Zeitpunkt der Therapieaufnahme tatsächlich individuieren, das heißt nicht, dass es zu einem späteren Zeitpunkt nicht möglich sein könnte. Eine Prognose ist hierbei einfach schwierig.

7.2 Klärung der und Umgang mit Suizidalität

Suizidfantasien sind nicht nur ein psychopathologisches Symptom, worauf James Hillman in »Selbstmord und seelische Wandlung« (2002) mit Recht hingewiesen hat. Nach Hillman steckt hinter den suizidalen Fantasien der unbewusste Wunsch, alte Einstellungen und Überzeugungen sterben zu lassen, damit etwas Neues entstehen kann. Ein/eine Therapeut/in darf natürlich einen Suizid nicht geschehen lassen, dennoch sollten entsprechende Fantasien und Pläne im Schutze der therapeutischen Beziehung so lange wie möglich offen bleiben, denn nur so kann sich schließlich Neues bilden, damit es zur Wandlung kommen kann. Wenn wir den depressiven Menschen zu wenig schützen, stirbt er; wenn wir ihn zu sehr schützen – ihn zum Beispiel übereilt gegen seinen Willen hospitalisieren – handeln wir wie ein Chirurg, der eine eitrige Wunde einfach zunäht, d. h. wir verhindern eine Wandlung und eine gegenüber der Innen- und Außenwelt adäquatere Einstellung. Hier absolut richtige Entscheide zu fällen, ist nicht möglich; wir können nur, nach sorgfältigem Abwägen bestmöglich entscheiden. Die folgenden klinischen Überlegungen sollen dabei eine Basis sein.

Die Suizidalität gehört zu einem der zentralen Symptome einer chronischen Depression, insbesondere wenn sie resignativ verarbeitet wird. Bereits in der Anamnese sollte offen und behutsam nach Suizidversuchen in der Vergangenheit oder in der Familiengeschichte gefragt werden; nicht im Sinne eines Abhakens einer Checkliste, sondern im Sinne der Berücksichtigung von Suizidversuchen bei der Schilderung von Lebenskrisen. Akute Selbst- und Fremdgefährdung, resp. die Gefahr einer schweren Verwahrlosung gehören zu den schwierigsten Situationen in unserem Arbeitsalltag. Gerade bei chronisch Depressiven kommen wir nicht selten in solche Situationen. Sie führen dazu, dass suizidale, depressive Menschen zu ihrem Schutz gezwungen werden, sich beispielsweise in stationärem Rahmen behandeln zu lassen. In unserer Ausbildung lernten wir, mit den Patient/innen eine Beziehung auf Augenhöhe einzugehen, sie ernst zu nehmen – und jetzt sind wir plötzlich in der Situation, sie gegen ihren Willen, zu ihrem Schutz, weil sie krankheitsbedingt nicht mehr entscheiden können, einzuweisen. Solche Entscheide werden von einem Arzt oder einer Ärztin getroffen, aber es sind wir, die allenfalls den ganzen Mechanismus in Gang setzen. Gemäß unserer Erfahrung sind die meisten Patient/innen für die Klinikeinweisung nachher dankbar.

Vor diesem Hintergrund ist es wichtig, dass jede/r Psychotherapeut/in eine Suizidalität beurteilen kann (AWMF, 2017). Nicht jede Beurteilung führt zum richtigen Resultat, leider treten selbst in Kliniken immer wieder Suizide auf. Auch erfahrenste Notfallpsychiater/innen oder Notfallpsycholog/innen können nicht jeden Suizid verhindern. Aber es gibt einige Punkte, die beachtet werden müssen, wenn ein depressiver Mensch über Selbstmordgedanken spricht, resp., wenn der/die Therapeut/in in der Gegenübertragung die Gefährdung spürt. Eine Gefährdung ist vorhanden:

- wenn wir den depressiven Menschen über längere Zeit emotional nicht mehr erreichen können, wenn er sozial isoliert lebt und keine stabilen beruflichen oder persönlichen Alltagsstrukturen hat. Das sind Alarmsignale. Die Fragen nach Suizidfantasien und Suizidalität sollten offen angesprochen werden:
- wenn er immer mehr emotional eingeschränkt wirkt und nur noch negative und hoffnungslose Erlebnisse erzählt.

- wenn Wut, Frust, Hass und Schuldgefühle (»Ich bin eine Belastung für andere!«) ansteigen und gegen sich gerichtet werden oder wenn Patient/innen von Fantasien berichten, dass Bezugspersonen an ihrem Grab weinen und sich Vorwürfe machen, nicht mehr für sie getan zu haben.

Wie gehen wir in einem solchen Fall konkret vor:

- Wenn Suizidgedanken geäußert werden, müssen sie immer ernst genommen werden. Sie müssen möglichst rasch, möglichst ruhig und möglichst umfassend eruiert werden. Wir stehen dabei mit einem Bein in den Abgründen des depressiven Menschen, mit dem anderen auf dem sicheren Boden der Professionalität.
- Wenn ein suizidaler Mensch es wagt, sich mit den Abgründen seiner suizidalen Tendenzen auseinanderzusetzen dann ist ein großer, therapeutischer Fortschritt erzielt. Das gelingt nur, wenn er sich von uns gehalten fühlt und wenn wir mit ihm seine Suizidfantasien und -impulse erkennen und seine Todessehnsucht aushalten können.
- Wenn ein depressiver Mensch mit uns über seine Suizidfantasien spricht, ist er meist ambivalent. Bewusst oder zumindest vorbewusst weiß er, dass wir mit einem vollzogenen Suizid nicht einverstanden sind und erwartet Hilfe für seine lebensbejahende Seite. Mit dieser solidarisieren wir uns!

Halt und Grenzen geben wir ihm weiter dadurch, dass wir ein genaues Vorgehen mit ihm abmachen. Wir fragen öfter nach, wie gefährdet er sich erlebt (proaktiv nachfragen!). Wenn er etwa einen Suizid in der Sitzung, telefonisch oder gar per E-Mail ankündigt, gehen wir darauf ein, fragen detailliert nach. Ebenso fragen wir nach seinen Erwartungen und verweisen darauf, dass es unsere Aufgabe ist, Leben zu erhalten. Einen weglaufenden Menschen mit Gewalt zurückzuhalten, macht in der Regel keinen Sinn, abgesehen davon, dass solche verzweifelten Menschen meist stärker sind. Unter Umständen ist es aber sinnvoll, die Polizei zu informieren, was in diesem Fall keine Verletzung des Berufsgeheimnisses ist.

Die Pläne betreffend Realisierung eines Suizids müssen genau erfragt werden. Gibt es einen aktiven, genauen Plan? Handelt es sich um einen diffusen Lebensüberdruss, um passive suizidale Fantasien oder besteht ein genauer Fahrplan – z. B. Medikamente kaufen, Zugfahrplan und Ort checken etc. (aktive Suizidfantasien)?

Ein allgemeines Versprechen (»Nein, ich mache es nicht«) ist sinnlos; es braucht klare Ansagen, wie lange kann der Suizidale versprechen, es nicht zu tun. Nach dieser Zeit ist eine neue Kontaktaufnahme seitens des Therapeuten oder der Therapeutin nötig.

Ein Therapievertrag hilft ebenso Halt zu geben und Grenzen zu setzen.

In gewissen Fällen ist es wichtig, unsere persönliche Betroffenheit und Ängste zu formulieren (»Sie sind mir wichtig! Ich will sie nicht verlieren!«). Die therapeutische Beziehung kann zur wichtigsten proaktiven Kraft werden. Manchmal müssen wir es akzeptieren, wenn ein depressiver Mensch den Satz äußert, er mache es nur uns zuliebe nicht. Wichtig ist, dass er am Leben bleibt.

Welches könnten Ressourcen sein? Wie könnte eine mögliche Unterstützung durch Freunde oder Bekannte aktiviert werden, damit er sich sicherer fühlt? Welche Schutzfaktoren gibt es?

8 Wirkfaktoren und Forschungsstand

8.1 Wirkfaktoren

In der Psychotherapieforschung werden allgemeine und spezifische Wirkfaktoren für ein gutes Therapieergebnis voneinander unterschieden. Allgemeine Wirkfaktoren werden allen Psychotherapieverfahren zugeordnet, während spezifische explizit nur ein Psychotherapieverfahren betreffen. Zum Beispiel wird die jungianische Traumdeutung als spezifischer Wirkfaktor betrachtet, Empathie wiederum als allgemeiner Wirkfaktor. Die neuere Psychotherapieforschung ergab, dass allgemeine Wirkfaktoren das Therapieergebnis besser als spezifische erklären (Lambert, 2004). Deshalb wird heute versucht, die Wirksamkeit von verschiedenen Verfahren in einem sogenannten »Kontextmodell« zusammen zu fassen (Wampold, Imel & Flückiger, 2018). Wampold und Imel vergleichen dabei die bisherigen Untersuchungsansätze, die nur die Betrachtung spezifischer Wirkfaktoren berücksichtigen, mit dem eigens von ihnen entwickelten Kontextmodell, das von methodenübergreifenden Einflüssen ausgeht. Dazu leiten sie Hypothesen zur Therapiewirksamkeit ab und überprüfen anschließend ihre Annahmen anhand der aktuellen empirischen Literatur. Nach diesem Vergleich kommen sie zu dem Fazit, dass übergreifende Faktoren, wie etwa Therapeuteneigenschaften unabhängig der Therapieschule, für die Wirksamkeit der Psychotherapie eine wichtige Rolle spielen, dass spezifische und allgemeine Wirkfaktoren der Therapie nicht unabhängig voneinander betrachtet werden können und dass die therapeutische Beziehung eine zentrale Rolle spielt. Eine gute therapeutische Beziehung wird dadurch erreicht, dass der/die Therapeut/in ein Erklärungs- und Veränderungsmodell für das Leiden der Patient/innen haben, von dem er/sie überzeugt ist. Ferner, dass sie über theoretische Konzepte von psychischen Störungen und einem breiten Repertoire an Interventionsstrategien verfügen (stützend, psychoedukativ, konfrontierend, Fähigkeiten vermittelnd, mentalisierend etc.) (Beutel, Doering, Leichsenring & Reich, 2010).

Der Jungianer und Psychotherapieforscher Christian Roesler verweist auf dieses Kontextmodell, wenn er wichtige Wirkfaktoren für die Analytische Psychologie auflistet (Roesler, 2020). Die Wirkfaktoren betreffen:

- die therapeutische Allianz (*alliance*): Eine gute therapeutische Beziehung gilt als wesentlicher Einflussfaktor für ein gutes Therapieergebnis;
- die Schaffung von Hoffnung für die Patient/innen, dass sich ihre Symptome und Probleme verbessern werden;
- die *allegiance*: Damit ist der Glaube der Therapeut/innen an die Wirksamkeit ihrer Methode gemeint. Sie gilt ebenfalls als starker Einflussfaktor für ein gutes Ergebnis;
- den Therapeutenfaktor: Zwischen den einzelnen Therapeut/innen wurden große Unterschiede in ihrer Wirksamkeit festgestellt. Es scheint, dass die Persönlichkeit des Therapeuten oder der Therapeutin eine große Rolle für ein gutes Therapieergebnis spielt.

Diese Art der Betrachtung der Wirkfaktoren rückt die therapeutische Allianz in den Mittelpunkt, die wiederum aus einer guten Handhabung von Übertragung und Gegenübertragung besteht wie auch aus unserem Verständnis für die Anliegen der depressiven Person. Die Techniken der Klärungsarbeit, Ressourcenaktivierung und Problemaktualisierung sowie die Fähigkeit zur Selbstreflexion und Veränderungsbereitschaft seitens des depressiven Menschen spielen zwar auch eine, aber eher untergeordnete Rolle.

Pfammatter und Tschacher fügen an, dass Verhaltensregulation, Freisetzung unterdrückter Emotionen, Vermittlung von Bewältigungserfahrungen, Problemaktualisierung, eine verbesserte Selbstwirksamkeitserwartung sowie eine Desensibilisierung der Problembereiche ebenso als Wirkfaktoren betrachtet werden können (Pfammatter & Tschacher, 2012). Aber diese Techniken sind abhängig von einer guten therapeutischen Beziehung, weshalb wir in diesem Buch immer wieder darauf fokussieren. Roesler weist außerdem darauf hin, dass Flexibilität im Umgang mit depressiven Menschen eminent wichtig ist; effektive Therapeut/innen können sich sehr flexibel an die sich verändernden Bedürfnisse der depressiven Menschen anpassen, was wir in der Praxis ebenfalls feststellen konnten (Roesler, 2020). Flexibilität in der Handhabung der Techniken und Methoden bewirkt bessere Therapieerfolge.

Primär geht es in den Wirksamkeitsforschung also um die Kompetenz zur Beziehungsgestaltung durch den Therapeuten oder die Therapeutin (*alliance*), weniger um das genaue Erlernen und Befolgen eines Manuales (*adherence*). Manuale und der Aufbau einer therapeutischen Beziehung zeigen außerdem keinen Erfolg, wenn der/die Therapeut/in nicht von der Methode und dem Vorgehen überzeugt sind (*allegiance*) (Beutel, Doering, Leichsenring & Reich, 2020). Mit anderen Worten:

> »Eine gute therapeutische Beziehung ist … von der allegiance abhängig, nämlich vom Ausmaß, von dem der Therapeut von der Wirksamkeit seiner Methode überzeugt ist. Untersuchungen und Metaanalysen ergaben hohe allegiance-Effekte auf den Therapieerfolg (Übersicht bei Wampold, Imel & Flückiger, 2018) mit Effektstärken von bis zu 0,65. Der Therapeut muss also von der Therapiemethode überzeugt sein, dass sie wirkt. Ist er davon überzeugt, dass ihm seine Methode ein Erklärungs- und Veränderungsmodell für das Leiden des Patienten zur Verfügung stellt, dann stärkt das die therapeutische Beziehung. Wenn er von seinen Methoden nicht überzeugt ist, wird das in der therapeutischen Beziehung spürbar.« (Meier, 2021a, S. 205)

8.2 Forschungsstand

Die Analytische Psychologie zählt wie die Psychoanalyse zu den psychodynamischen Verfahren. Bei diesen Verfahren hat sich gezeigt, dass randomisierte Kontrollgruppen-Designs (RCT), Metaanalysen und systematische Reviews die Wirksamkeit sowohl von kurz- wie langfristigen psychodynamischen Psychotherapien bei psychischen Störungen belegen. Roesler weist darauf hin, dass die gefundenen Wirkungsgrößen ebenso groß sind wie bei anderen evidenzbasierten Therapien, wie z. B.

bei der kognitiven Verhaltenstherapie so dass nicht mehr von einer Überlegenheit der CBT gegenüber den psychodynamischen Verfahren gesprochen werden kann (Roesler, 2020; vgl. auch Leichsenring & Klein, 2014). Darüber hinaus deuten einige Hinweise darauf hin, dass Langzeitbehandlungen bei komplexen psychischen Störungen nach Beendigung der Therapie bessere längerfristige Ergebnisse zeigen als Kurzzeitbehandlungen und dass die Effektgrößen möglicherweise erst einige Zeit nach Beendigung der Behandlung sichtbar werden, was auf die Notwendigkeit einer längerfristigen Nachbeobachtung hinweist (Yakeley, 2018). Diese Ergebnisse stimmen mit Daten über Dosis-Wirkungs-Beziehungen überein, die darauf hindeuten, dass für viele Patient/innen mit komplexen psychischen Störungen, einschließlich chronischer psychischer Störungen und Persönlichkeitsstörungen, eine kurzfristige Psychotherapie nicht ausreicht (ebenda, S. 5).

Innerhalb der Jungianischen Gemeinde ist Kritik an einem solch empiristischen und positivistischen Wissenschaftsverständnis vorhanden, das Statistiken als Wahrheitsmethode in den Mittelpunkt rückt. Ralf Vogel etwa argumentiert, dass eine Forschungsmethode auf der Ebene der Erkenntnistheorie erfolgen muss, die mit dem Forschungsgegenstand kompatibel ist: »Man muss sich ... vor einer Verwechslung der im positivistischen Erkenntnisraum erzeugten Studienergebnisse mit der Überprüfung von ›objektiven‹ Wahrheitsgehalten der Analytischen Psychologie hüten.« (Vogel, 2012, S. 100). Vogel schlägt stattdessen vor, dass wir philosophisch-geisteswissenschaftliche Konzepte wie die Hermeneutik als Forschungsmethoden benutzen, da diese dem Welt- und Menschenbild der Analytischen Psychologie viel eher entsprächen.

Im Folgenden sollen wieder die Vertreter einer empirischen Wissenschaft zu Wort kommen und wir fokussieren uns auf die vorhandenen empirischen Studien innerhalb der Analytischen Psychologie, die störungsunspezifisch die Ergebnis- und Prozessforschung zum Inhalt haben (Roesler, 2013, 2020) (▶ Tab. 8.1). Bei einigen davon tritt die Diagnose der depressiven Störung in den Vordergrund, wie wir anschließend erläutern.

Die »Praxisstudie Analytische Langzeittherapie (PAL)« ist eine prospektive, naturalistische Ergebnisstudie (Mattanza, Jakobsen & Hurt, 2006), ebenso wie das »San Francisco Psychotherapy Research Project«

(Rubin & Powers, 2005) und die «Praxisstudie ambulante Psychotherapie Schweiz (PAP-S)» (Tschuschke et al., 2010; Tschuschke, Koemeda-Lutz & Schlegel, 2014), während die Berliner Jung-Studie (Keller, Dilg, Westhoff, Rohner & Studt, 1997) und die Konstanzer Studie (Breyer, Heinzel & Klein, 1997) katamnestische, retrospektive Studien darstellen.

Tab. 8.1: Überblick empirischer Studien in der Analytischen Psychologie (Roesler, 2020, S.14)

Autoren	Studie	Design	N	Ergebnis
Mattanza, Jakobsen & Hurt, 2006	Praxisstudie Analytische Langzeittherapie (PAL) Schweiz	Prospektive naturalistische Outcome-Studie mit Follow-up, Ein-Gruppen-Design	37	$d = 0.71 - 1.48$
Rubin & Powers, 2005	San Francisco Psychotherapy Research Project	Prospektive naturalistische Outcome-Studie mit follow-up, Ein-Gruppen-Design	39 (57)	Signifikante Verbesserung in der Symptom-Checkliste (90 SCL-90-R) und Inventar interpersoneller Probleme (IIP)
Tschuschke et.al., 2010; Tschuschke, Koemeda-Lutz & Schlegel, 2014	Praxisstudie ambulante Psychotherapie Schweiz (PAP-S)	Prospektive, naturalistische Ergebnisstudie, Multi-Gruppen-Design	81	Alle untersuchten Schulen waren effektiv
Keller, Dilg, Westhoff, Rohner & Studt, 1997	Berliner Jung- Studie	Katamnestische, retrospektive Studie	111	Reduktion zu Symptomen eines normalen Gesundheitszustandes für 88 %
Breyer, Heinzel & Klein, 1997	Konstanz-Studie	Katamnestische, retrospektive Studie	646	Signifikante Verbesserungen in Gesundheit/Wohlbefinden

Praxisstudie Analytische Langzeittherapie (PAL) Schweiz (Mattanza, Jakobsen & Hurt, 2006; Keller, 2013; Roesler, 2020)

Bei dieser Studie wurde ein naturalistisches Studiendesign mit 37 Fällen gewählt. Die Mehrheit der Patient/innen (57 %) litt an affektiven Störungen, 47 % zusätzlich an Persönlichkeitsstörungen, sodass ein relativ hoher Anteil an schwierigen Patient/innen in die Stichprobe aufgenommen wurde. Die mittlere Behandlungsdauer betrug ca. 90 Sitzungen, bzw. 35 Monate. Besonders innovativ am Design der PAL-Studie war die Betrachtung der Daten auf den drei Ebenen »Untersucher/innen«, »Therapeut/innen« und »Patient/innen«. Es wurden sowohl objektive Untersuchungsinstrumente als auch Selbst- und Fremdeinschätzungen eingesetzt wie der Symptomfragebogen SCL-90-R, der psychoanalytisch orientierte Fragebogen PSKB-Se-R, der Beeinträchtigungsschwerescore (BSS), der Fragebogen interpersonelle Probleme (IIP) sowie Fragebogen zur therapeutischen Arbeitsbeziehung und zum Übertragungsgeschehen (SGRT-Fragebogen, TAB-Fragebogen). Aus dem OPD wurden Einschätzungen wie der Problemfokus, das Strukturniveau und die Heidelberger Umstrukturierungsskala von den Untersucher/innen verwendet.

Als Resultat ergab sich, dass im Vergleich zwischen Therapiebeginn und -ende statistisch signifikante bis hochsignifikante Veränderungen stattfanden (starke Effektstärke von 0,71. bis zu 1,48). Die Schwere der Beeinträchtigung (BSS) sank gemäß Patient/innen hochsignifikant mit einer sehr hohen Effektstärke von 1,31 und erreichte bei Therapieende ein unauffälliges, der Durchschnittsbevölkerung entsprechendes Niveau. Die interpersonellen Probleme (IIP) sanken hochsignifikant mit einer mittleren Effektstärke, wobei diese bereits zu Therapiebeginn eher im mittleren Bereich lagen und deshalb nicht mehr sehr stark absinken konnten. Über 90 % der Patient/innen schätzten am Therapieende das Resultat als deutlich positiv, sehr positiv oder maximal positiv ein. Die Zufriedenheit mit der Therapie und die Besserung der Beschwerden blieben auch ein Jahr nach Ende der Therapie stabil, der Gesundheitszustand besserte sich sogar noch weiter. Die Untersuchung konnte also zeigen, dass jungianische Therapie für die untersuchten Patienten nützlich und effektiv war, darüber hinaus kam es zu Umstrukturierungen in der Persönlichkeit.

San Francisco Psychotherapy Research Project (Rubin & Powers, 2005; Roesler, 2020)

Die Studie an der Klinik des San Francisco Jung-Institut war als prospektive Ergebnis-Untersuchung mit vier Messzeitpunkten (Aufnahme, Beendigung, Ein-Jahres- und Fünf-Jahres-Katamnese) geplant. Zu allen vier Messzeitpunkten beantworteten die Klient/innen die Symptomcheckliste SCL-90-R und das Inventar interpersoneller Probleme (IIP). Zusätzlich füllten sie einen Fragebogen aus, der sich aus soziodemographischen Daten, aber auch aus Fragen zur Therapiemotivation und zur Einschätzung des Erlebens der Therapie zusammensetzte und immer wieder aktualisiert wurde. Die Therapeut/innen beantworteten das eigens entwickelte Messinstrument »Portrait of my practice« (POMP) und schätzten jeweils zu Beginn und Ende der Therapie die Klient/innen auf der GAF-Skala (Global Assessment of Functioning, Achse V des DSM) ein. Aufgrund personeller und organisatorischer Veränderungen in der Klinik des Instituts kam es zu einer vorzeitigen Beendigung des Projekts. Wegen der geringen Bereitschaft der Analytiker/innen an der Studie teilzunehmen, musste außerdem das ursprünglich angestrebte Gruppendesign reduziert werden. Dennoch ergab die Auswertung des SCL-90-R und des IIP signifikante Verbesserungen bei Therapieende. Mit allen Einschränkungen bezüglich Validität und Interpretierbarkeit der Ergebnisse weist die Untersuchung somit in Richtung einer Wirksamkeit der Jungschen Therapie.

Katamnesestudie der Forschungsgruppe Analytische Psychologie Berlin (Keller, Dilg, Westhoff, Rohner & Studt, 1997; Roesler, 2020)

In einer katamnestischen, retrospektiven Studie wurden ehemalige Patient/innen mit einem Fragebogen und teils anhand von Interviews untersucht. Die Patient/innen erhielten Fragebogeninstrumente bezüglich soziodemographischer Daten, aktuellem Gesundheits- und Beschwerdestatus, globalem Wohlbefinden, der Lebensqualität, der sozialen Fähigkeiten, der beruflichen und familiären Beziehungen, zu Symptomen (SCL-90-R), interpersonellen Problemen, zur therapeutischen Beziehung, zur »Veränderung des Erlebens und Verhaltens« (VEV) und den Gießen-

Test. Außerdem wurden die Krankenkassendaten der Patient/innen für die Zeiträume fünf Jahre vor und nach der Behandlung ausgewertet. Es zeigte sich, dass die häufigste Diagnose mit 46 % die affektiven Störungen waren, gefolgt von 24 % neurotischen und somatoformen Störungen und 17 % Persönlichkeitsstörungen. Von 353 auf diese Weise dokumentierten Fällen konnten 111 zur Teilnahme an der Studie gewonnen werden. Die durchschnittliche Dauer der Behandlungen betrug 162 Sitzungen, mit einer Frequenz von 1–2 Sitzungen pro Woche.

Das aktuelle psychische Befinden schätzten die Patient/innen im Vergleich zurzeit vor der Therapie zu 94 % als besser oder viel besser ein, 6 % als unverändert oder verschlechtert. Die beteiligten Therapeut/innen schätzten den Erfolg etwas weniger positiv ein. Es fand sich außerdem ein signifikanter statistischer Zusammenhang zwischen der positiven Einschätzung der Therapie durch die Patient/innen und der Dauer der Therapie, d. h. je länger die Therapie dauerte, desto positiver schätzten die Patient/innen den Erfolg ein. Für die Berliner Stichprobe konnte eine hochsignifikante Abnahme der Beeinträchtigungsschwere vom Therapiebeginn zur Nachuntersuchung festgestellt werden. Besonders wertvoll für eine Beurteilung des Therapieergebnisses war die Möglichkeit, auf ausführliche Krankenkassendaten, speziell auf Arbeitsunfähigkeits- und Krankenhaustage, zurückgreifen zu können. Diese zeigen, wie deutlich und statistisch hochsignifikant die Therapie sowohl die Häufigkeit von Arbeitsunfähigkeit als auch die Inanspruchnahme von stationärer Behandlung reduzierte.

Die Konstanz-Studie (Breyer, Heinzel & Klein, 1997; Roesler, 2020)

Diese Studie ähnelt der Berliner Katamnesestudie, hat allerdings deutlich mehr Teilnehmer (N = 937). In den Selbsteinschätzungen der Patient/innen bezüglich generellem Wohlbefinden, somatischen und psychischen Befinden und Qualität zwischenmenschlicher Beziehungen zeigten sich im Vergleich zwischen Therapiebeginn und -ende in allen Dimensionen hochsignifikante Verbesserungen. Beim Vergleich zwischen Therapieende und Katamnese ergaben sich weitere signifikante Verbesserungen in allen Bereichen. Zusätzlich wurden Parameter der Inanspruchnahme von Leistungen des Gesundheitswesens erfasst: Die Fehlzeiten aufgrund von Krankheit reduzierten sich um 60 %, die Inanspruchnahme stationärer Behandlung um 66 %, Arztbesuche um 33–40 %. Alle diese Reduktionen waren hochsignifikant und auch hier ergaben sich zwischen Therapieende und Katamnese weitere signifikante Verbesserungen. Diese Effekte erwiesen sich über sechs Jahre hinweg nicht nur als stabil, es kam sogar insgesamt zu weiteren signifikanten Verbesserungen nach dem Ende der Therapie.

Praxisstudie ambulante Psychotherapie Schweiz (PAP-S) (Tschuschke, Koemeda-Lutz & Schlegel, 2014; Roesler, 2020)

Die in der Schweizer Charta für Psychotherapie zusammengeschlossenen Verbände untersuchten die Wirksamkeit von psychotherapeutischen Verfahren in der ambulanten Versorgung der Schweiz in einem experimentellen Design. Auf Seiten der Patient/innen wurde das Selbsturteil über das Therapieergebnis (OQ-45), die Symptombelastung (BSI), die Depressivität (BDI), das Kohärenzgefühl (SOC-9), die Inkongruenz (K-INK) und die Psychotherapiemotivation (FMP) gemessen. Die Fremdbeurteiler nutzten ein klinisches Interview (SKID), bewerteten das allgemeine Funktionsniveau (GAF-Skala), das Funktionsniveau der Beziehungen in Familie und Partnerschaft (GARF) und verwendeten die Operationalisierte Psychodynamische Diagnostik (OPD). Zudem wurden Maße des Therapieprozesses und der -beziehung aufgenommen. Leider beteiligten sich von jungianischer Seite nur wenige Therapeut/innen an der Studie, so dass für diese Therapierichtung keine eigene Stichprobe gebildet werden konnte. Insgesamt aber haben alle an der Studie beteiligten psychodynamischen Verfahren hochsignifikante Verbesserungen mit hoher Effektstärke erreicht; alle in der Studie beteiligten Verfahren waren in ihren Effekten vergleichbar.

Roesler (2020) zieht folgendes Fazit: Alle aufgeführten Studien zeigten übereinstimmend eine positive Wirkung der analytischen Psychologie, der Nachweis der *effectiveness*, d. h. der Effizienz der Methode ist erbracht, und das mit guten und teilweise sogar hohen Effektstärken. Darüber hinaus kann sogar ein positiver Kosten-Nutzen-Effekt durch mehrere Studien belegt werden. Die positiven Wirkungen konnten auf verschiedenen Untersuchungsebenen festgestellt werden, in der subjektiven Zufriedenheit der Patient/innen, in der Symptomreduktion, wie auch in der Senkung der Inanspruchnahme von Leistungen des Gesundheitswesens. Die Analytische Psychologie kann diese positiven Effekte in der Mehrzahl durch niederfrequente Psychotherapien mittlerer Dauer (gemessen an den Maßstäben psychoanalytischer Therapien) erreichen. Die Effekte blieben über lange Zeiträume stabil. In mehreren Untersuchungen konnte belegt werden, dass sich die Wirkung der Psychotherapie auch nach Ende der Therapie weiter verbesserte.

Literatur

Ada, Klaus-Uwe (2003). *Therapeutisches Arbeiten mit dem Ich. Denken, Fühlen, Empfinden, Intuieren. Die vier Orientierungsfunktionen.* Düsseldorf: Patmos.
AMDP-System (2018). *Manual zur Dokumentation psychiatrischer Befunde.*10. korr. Auflage. Göttingen: Hogrefe.
Arbeitskreis OPD (Hrsg.) (2014). *Operationalisierte Psychodynamische Diagnostik. Grundlagen und Manual.* Bern: Huber.
AWMF (2017) (Hrsg.). S3-Leitlinie/Nationale Versorgungs-Leitlinie Unipolare Depression. Kurzfassung. Version 1. 2. *AWMF-Register-Nr.: nvl-005.* Zugriff am 20.02. 2021 https://www.awmf.org/uploads/tx_szleitlinien/nvl-005l_S3_Unipolare_Depression_2017-05.pdf.
Benedetti, G. (1987). *Todeslandschaften der Seele. Psychopathologie, Psychodynamik und Psychotherapie der Schizophrenie.* Göttingen: Vandenhoeck & Ruprecht.
Beutel, M. E., Doering, S., Leichsenring, F. & Reich, G. (2010). *Psychodynamische Psychotherapie: Störungsorientierung und Manualisierung in der therapeutischen Praxis.* Göttingen: Hogrefe.
Bibel (1987). *Die Heilige Schrift des Alten und des Neuen Testaments.* 19. Aufl. Zürich: Verlag der Zürcher Bibel beim Theologischen Verlag Zürich.
Bleichmar, H. (2013). Verschiedene Pfade, die in die Depression führen. In M. Leuzinger-Bohleber, U. Barke & A. Negele (Hrsg.). *Chronische Depression: Verstehen – Behandeln – Erforschen* (S. 82–97). Göttingen: Vandenhoeck & Ruprecht.
Böker, H. (2017a). *Psychotherapie der Depression.* Göttingen: Hogrefe.
Böker, H. (2017b). *Psychodynamische Psychotherapie depressiver Störungen. Theorie und Praxis.* Gießen: Psychosozial.
Bovensiepen, G. (2009). Depressive Komplexorganisation bei narzisstischen Störungen. *Anal Psychol, 1,* 155, 36–57.
Braun, C. (2016). *Die therapeutische Beziehung. Konzept und Praxis in der Analytischen Psychologie C.G. Jungs.* Stuttgart: Kohlhammer.
Braun, C. & Otscheret, L. (2005). *Der Dialog mit dem Anderen.* Frankfurt/Main: Brandes & Apsel.
Breyer F., Heinzel R. & Klein T. (1997). Kosten und Nutzen ambulanter Psychoanalyse in Deutschland. *Gesundheitsökonomie und Qualitätsmanagement, 2,* 59–73.

Dieckmann, U. 1974). Ein archetypischer Aspekt in der auslösenden Situation von Depressiven. *Anal Psychol, 5*, 97–112.
Dornes, M. (2000). *Die emotionale Welt des Kindes*. Frankfurt/M.: Fischer.
Dorst, B. & Vogel, R. (Hrsg.) (2014). *Aktive Imagination. Schöpferisch leben aus inneren Bildern*. Stuttgart: Kohlhammer.
Edinger, E. F. (1995). *Melville's Moby Dick. An american nekyia*. Toronto: Inner City Book.
Flückiger, C. (2021). Basale Wirkmodelle in der Psychotherapie. Wer und was macht Psychotherapie wirksam? *Psychotherapeut, 66*, 73–82.
Frick, E. (1996). *Durch Verwundung heilen. Zur Psychoanalyse des Heilungsarchetyps*. Göttingen: Vandenhoeck & Ruprecht.
Frobenius, L. (1904). *Das Zeitalter des Sonnengottes*, 4 Bde. Berlin: Reimer.
Helbling, C. (Hrsg.) (1987a). Das Mädchen ohne Hände. KHM 31. In *Grimms Märchen*. Vollständige Ausgabe, 1. Bd. (12. Aufl.). Zürich: Manesse Verlag.
Helbling, C. (Hrsg.) (1987b). Von dem Tode des Hühnchens. KHM 80. *In Grimms Märchen*. Vollständige Ausgabe, 1. Bd. (12. Aufl.). Zürich: Manesse Verlag.
Hell, D. (1992). *Welchen Sinn macht Depression? Das depressive Geschehen als Schutz und Botschaft*. Hamburg: Rowohlt.
Hillman, J. (1979). *The dream and the underworld*. Toronto: Harper Collins.
Hillman, J. (Hrsg.) (1997). *Haiti or the psychology of black*. Woodstock CT: Spring Publication.
Hillman, J. (2002). *Selbstmord und seelische Wandlung. Eine Auseinandersetzung*. 4. Aufl., übers. H. Binswanger. Einsiedeln: Daimon.
Himmighofen, H. & Böker, H. (2020). Die Bedeutung der Elektrokonvulsionstherapie (EKT) in der multimodalen Behandlung depressiver Störungen. *Psychotherapie-Wissenschaft, 10*, 2, 61–73.
Hubback J. (1989). Depressed patients and the coniunctio. In A. Samuels (Hrsg.). *Psychopathology. Contemporary Jungian Perspectives* (S. 23-44). London: Routledge.
Huber, D. & Klug, G. (2005). Psychoanalytische Therapie der Depression. In diess. *Psychoanalyse der Depression. Verstehen – Behandeln – Forschen* (S. 285–296). Stuttgart: Kohlhammer.
Jung, C. G. (1907/1995). Über die Psychologie der Dementia Praecox: Ein Versuch. In *Psychogenese der Geisteskrankheiten*. GW 3 (S. 1–170). Düsseldorf: Walter.
Jung, C. G. (1912/1995). *Symbole der Wandlung. Analyse des Vorspiels zu einer Schizophrenie. GW 5*. Düsseldorf: Walter.
Jung, C. G. (1916/1995). Die transzendente Funktion. In *Die Dynamik des Unbewussten. GW 8* (S. 79-108). Düsseldorf: Walter.
Jung, C. G. (1917/1995). *Zwei Schriften über Analytische Psychologie. GW 7*. Düsseldorf: Walter.
Jung, C.G. (1921/1995). *Psychologische Typen. GW 6*. Düsseldorf: Walter.
Jung, C. G. (1926/1995). Analytische Psychologie und Erziehung. In *Über die Entwicklung der Persönlichkeit. GW 17* (S. 77–154). Düsseldorf: Walter.

Literatur

Jung, C. G. (1928/1995). Die psychologischen Grundlagen des Geisterglaubens. In *Die Dynamik des Unbewussten. GW 8* (S. 329-348). Düsseldorf: Walter.
Jung, C. G. (1931/1995). Ziele der Psychotherapie. In *Praxis der Psychotherapie GW 16* (S. 38–55). Düsseldorf: Walter.
Jung, C. G. (1934a/1995). Die Beziehungen zwischen dem Ich und dem Unbewussten. In *Zwei Schriften zur Analytischen Psychologie. GW 7* (S. 127–134). Düsseldorf: Walter.
Jung, C. G. (1934b/1995). Über die Archetypen des kollektiven Unbewussten. In *Die Archetypen und das kollektive Unbewusste. GW 9/1* (S. 11–52). Düsseldorf: Walter.
Jung, C. G. (1934c/1995). Allgemeines zur Komplexlehre. In *Die Dynamik des Unbewussten, GW 8* (S. 110–123). Düsseldorf: Walter.
Jung, C. G. (1936/1995). Psychologische Determinanten des menschlichen Verhaltens. In *Die Dynamik des Unbewussten. GW 8* (S. 135–148). Düsseldorf: Walter.
Jung, C. G. (1943/1995). *Psychologie und Alchemie. GW 12.* Düsseldorf: Walter.
Jung, C. G. (1946/1995). Die Psychologie der Übertragung. In *Praxis der Psychotherapie. GW 16* (S. 167–321). Düsseldorf: Walter.
Jung C. G. (1960/1995). Definitionen. In *Psychologische Typen. GW 6* (S. 437–520). Düsseldorf: Walter.
Jung, C.G. (1961). *Briefe III: 1956–1961.* Hrsg. von A. Jaffé. Patmos: Ostfildern.
Jung, C.G. (1964/1995). *Zwei Schriften über analytische Psychologie. GW 7.* Düsseldorf: Walter.
Jung, C. G. (1981/1995). *Das symbolische Leben. GW 18/1 & 18/2.* Düsseldorf: Walter.
Jung, C.G. (2020). *Der Mensch und seine Symbole.* Ostfildern: Patmos.
Kast, V. (1988). *Imagination als Raum der Freiheit. Dialog zwischen Ich und Unbewusstem.* Olten: Walter.
Kast, V. (1998a). *Vom Sinn des Ärgers. Anreiz zu Selbstbehauptung und Selbstentfaltung.* Stuttgart: Kreuz.
Kast, V. (1998b). *Abschied von der Opferrolle. Das eigene Leben leben.* Freiburg: Herder.
Kast, V. (1990). *Die Dynamik der Symbole. Grundlagen der Jungschen Psychotherapie.* Olten: Walter.
Kast, V. (1992*). Liebe im Märchen.* Olten: Walter.
Kast, V. (1994). *Vater-Töchter, Mutter-Söhne. Wege zur eigenen Identität aus Vater- und Mutterkomplexen.* Stuttgart: Kreuz.
Kast V. (2012). *Imagination. Zugänge zu inneren Ressourcen finden.* Ostfildern: Patmos
Kast, V. (2014). *Die Tiefenpsychologie nach C. G. Jung. Eine praktische Orientierungshilfe.* Ostfildern: Patmos.
Kast, V. (2019). Komplexe und ihre Kompensationen. *Analy Psychol 191*, 15–33.
Kaufhold, J., Negele A., Leuzinger-Bohleber, M., Kallenbach, L., Ernst, M. & Bahrke, U. (2017). Zur Konfliktdynamik bei chronischer Depression. *Z Psychosom Med Psychother 63*,151–162.
Keller W., Dilg R., Westhoff G., Rohner R., Studt H.H. and the German Psychotherapy Research Group in Analytical Psychology Berlin (1997). On the effica-

cy of outpatient Jungian psychoanalyses and psychotherapies. In M.A. Mattoon. *Proceedings of the 13th International Congress for Analytical Psychology*; Zürich, Switzerland. 17–23 August 1995 (o. S.) Einsiedeln: Daimon.
Keller, W. (2013). Symptomatik und strukturelle Veränderungen bei chronisch depressiven Patienten. Teilergebnisse der Praxisstudie analytische Langzeittherapie (PAL-Studie). In M. Leuzinger-Bohleber, U. Bahrke & A. Negele (Hrsg.). *Chronische Depression. Verstehen – Behandeln – Erforschen* (S. 333–353). Göttingen: Vandenhoeck & Ruprecht.
Kleespies, W. (1998). *Vom Sinn der Depression. Selbstwertstörungen im Blickwinkel der Analytischen Psychologie.* München: Reinhardt.
Kleespies, W. (2001). *Licht am Ende des Tunnels. Vom Sinn der Depression.* München: Königsfurt.
Kleespies, W. (2009). Psychodynamische Konzepte depressiver Zustände aus Sicht der Analytischen Psychologie. Anal Psychol,1, 10–35.
Lambert, M. J. (2004). *Bergin and Garfield's handbook of psychotherapy and behavior change (5. Aufl.).* New York: Wiley.
Leichsenring, F. & Klein, S. (2014). Evidence for psychodynamic psychotherapy in specific mental disorders: A systematic review. *Psychoanalytic Psychotherapy,* 28, 1, 4–32.
Leuzinger-Bohleber, M., Bahrke, U., Beutel, M., Deserno, H., Edinger, J., Fiedler, G., Haselbacher, A., Hautzinger, M., Kallenbach, L., Keller, W., Negele, A., Pfenning-Meerkötter, N., Prestele, H., Strecker-von Kannen, T., Stuhr, U. & Will, A. (2010). Psychoanalytische und kognitiv-verhaltenstherapeutische Langzeittherapien bei chronischer Depression: Die LAC-Depressionsstudie. *Psyche – Z Psychoanal* 64, 782–783.
Leuzinger-Bohleber, M. (2020). Depression – eine Signatur unserer Zeit? Erkenntnisse aus der LAC-Studie. *Psychotherapie-Wissenschaft 10,* 2, 11–18.
Mattanza G., Jakobsen T. & Hurt J. (2006). Jung'sche Psychotherapie ist effizient. In G. Mattanza, I. Meier & M. Schlegel M. (Hrsg.). *Seele und Forschung. Ein Brückenschlag in der Psychotherapie* (S. 38–82). Basel: Karger.
Meier, I. (2019). Basis needs and complexes: similarities between feeling-toned complexes, emotional schema and affective states. *Journal of Analytical Psychology, 64,* 5, 761–779.
Meier, I. (2021a). Manualisierung – ein Reizwort. *Analyt Psychol 195,* 1, 198–212.
Meier, I. (2021b). The classic, banished, and negative hero. *Jung Journal, 15,* 1, 36–48.
Melville, H. (2017). *Moby Dick oder der Wal.* München: dtv.
Müller A. & Müller L. (2003) (Hrsg.) *Wörterbuch der Analytischen Psychologie.* Düsseldorf: Patmos.
Müller, A. & Müller, L. (2018). *Praxis der Analytischen Psychologie. Ein Lehrbuch für eine integrative Psychotherapie.* Stuttgart: Kohlhammer.
Obsan (2017). (Hrsg.). Depressionen in der Schweizer Bevölkerung. Daten zur Epidemiologie, Behandlung und sozial-beruflichen Integration. *Obsan-Bericht Nr. 56.* Neuchâtel: Obsan.

Ogden, Th. (2001). *Analytische Träumerei und Deutung. Zur Kunst der Psychoanalyse*. Wien: Springer.
Pfammatter, M. & Tschacher W. (2012). Wirkfaktoren der Psychotherapie – eine Übersicht und Standortbestimmung. Zeitschrift für Psychiatrie, *Psychologie und Psychotherapie*, 60, 1, 67–76.
Portmann-Meyer, S. (2020). *Vom Umgang mit Trauma in der Analytischen Psychologie nach C.G. Jung. Qualitative Interviews zur Erhellung der Thematik*. Masterarbeit an der ZHAW: Udligenswil.
Rafalski, M. (2018). *Empfinden, Intuieren, Fühlen und Denken. Die vier psychischen Grundfunktionen in Psychotherapie und Individuation.*Stuttgart: Kohlhammer.
Reckwitz, A. (2019). *Das Ende der Illusionen. Politik, Ökonomie und Kultur in der Spätmoderne*. Frankfurt/M.: Suhrkamp.
Riedel, I. (2005). *Bilder. In Psychotherapie, Kunst und Religion. Ein Schlissel zur Interpretation*. Stuttgart: Kreuz.
Roesler, C. (2013). Evidence for the effectiveness of Jungian psychotherapy: A review of empirical studies. *Behav Sci*, 3, 4, 562–575.
Roesler, C. (2018). Structural dream analysis: A narrative research method for investigating the meaning of dream series in analytical psychotherapies. *Int J. of Dream Research*, 11, 1, 1–9.
Roesler, C. (2020). Forschungsdesign für eine zukünftige Forschung in der Analytischen Psychologie. Kath. Hochschule Freiburg. Zugriff am 30. 04. 2021 unter https://iaap.org/wp-content/uploads/2020/01/Report-Roesler-final-version.pdf.
Roesler, C. (2021). *Traumdeutung und empirische Traumforschung*. Stuttgart: Kohlhammer.
Roser, T. (2017). *Spiritual Care. Der Beitrag von Seelsorge zum Gesundheitswesen*. 2 erw. und aktu. Auflage. Stuttgart: Kohlhammer.
Roth, G. (2018). *Psychose und Schizophrenien und die Psychologie C.G. Jungs*. Thesis. Küsnacht: C.G. Jung-Institut.
Rubin S. I. & Powers N. (2013). Analyzing the San Francisco psychotherapy research Project. Zugriff am 30.06. 2021 unter http://www.sirseth.net/doc/SFresearch.pdf.
Rudolf, G., Grande, T. & Jacobsen, T. (2004). Struktur und Konflikt. Gibt es strukturspezifische Konflikte? In R. W. Dahlbender, P. Buchheim & G. Schüssler (Hrsg.). *Lernen an der Praxis* (S. 195–205). Bern: Huber.
Melville, H. (2017). *Moby Dick oder der Wal*. München: dtv.
Rush, A. J, Trivedi M.H., Wisniewski S. R., Nierenberg A. A., Stewart J. W., Warden D., Niederehe G., Thase M. E., Lavori P.J., Lewowitz B.D., McGrath P. J., Rosenbaum J. F., Sackheim H. A., Kupfer D. J., Luther J. & Fava M. (2006). Acute and longer-term outcomes in depressed outpatients requiring one or several treatment steps: a STAR*D report. *Am J Psychiatry*, 163, 11, 1905-17.
Samuels, A., Shorter B. & Plaut. F. (1991). Wörterbuch Jungscher Psychologie. München: Kösel.
Steffen, U. (1982). *Jona und der Fisch*. Stuttgart: Kreuz.

Steinberg, W (1984). Depression: some clinical and theoretical observations. *Quadrant 17*, 7–22.

Taylor, D. (2010). Das Tavistock-Manual der psychoanalytischen Psychotherapie– unter besonderer Berücksichtigung der chronischen Depression. *Psyche – Z Psychoanal 64*, 833–861.

Tschuschke V., Crameri A., Koemeda M., Schulthess P., von Wyl A. & Weber R. (2010). Fundamental reflections on psychotherapy research and initial results of the naturalistic psychotherapy study on outpatient treatment in Switzerland (PAP-S). *Int. J. Psychoth, 14*, 247–256.

Tschuschke, V., Koemeda-Lutz M. & Schlegel, M. (2014). Rating-Manual zur objektiven Einschätzung therapeutischer Interventionen von Psychotherapeuten unterschiedlicher schultheoretischer Konzepte. Schriftenreihe der Schweizer Charta für Psychotherapie. Bd. 2. Zugriff am 04.05. 2021 unter psychotherapie.ch/wsp/de/wissenschaft-und-forschung/psychotherapieforschung-resultate-und-publikationen

Tschuschke, V. (2016). Therapeutische Beziehung. In A. von Wyl. V. Tschuschke, A. Crameri, M. Koemeda-Lutz, P. Schulthess (Hrsg.). *Was wirkt in der Psychotherapie?* (S. 111-120). Gießen: Psychosozial.

Yakeley, J. (2018). Psychoanalysis in modern mental health practice. *Lancet Psychiatry, 5*. 443–450.

Wright, M. (2004). Hospice care and models of spirituality. *EJPC 11*, 2, 75.78.

von Wyl, A., Tschuschke, V., Crameri, A. Koemeda-Lutz, M. & Schulthess P. (2016). (Hrsg.). *Was wirkt in der Psychotherapie. Ergebnisse der Praxisstudie ambulante Psychotherapie zu 10 unterschiedlichen Verfahren*. Gießen: Psychosozial.

Uexküll, Th.v. & Wesiack, W. (1996). Integrierte Medizin als Gesamtkonzept der Heilkunde: ein bio-psycho-soziales Modell. In T. Uexküll (1996). (Hrsg.). *Psychosomatische Medizin. Theoretische Modelle und klinische Praxis* (S. 3–40). München: Urban & Fischer.

Vogel, R. (2012). Analytische Psychologie und die ihr angemessenen Forschungsmethoden – Epistemologische Überlegungen zu ihrem Status als Wissenschaft. *Anal Psych 167*, 74–105.

Wampold, B.E., Imel, Z.E. & Flückiger, C. (2018). *Die Psychotherapie-Debatte. Was Psychotherapie wirksam macht*. Bern: Hogrefe.

Wilhelm R. & Jung, C.G. (1986). *Das Geheimnis der goldenen Blüte. Das Buch von Bewusstsein und Leben*. Köln: Diederichs.

Wilke, H.-J. (1974). Neurosentheoretische Überlegungen zur Struktur und Dynamik depressiver Erkrankungen. *Anal Psychol 5*, 81–96.

Will H., Grabenstedt Y., Völkl G. & Banck G. (2008). *Depression. Psychodynamik und Therapie*. 3., überarbeitete und erweiterte Auflage. Stuttgart: Kohlhammer.

Winnicott, D. (1960). The theory of the parent-child relationship. *Int. J. Psychoanal, 41*, 585–595.

Wöller, W. (2016). Der ausreichend gute Therapeut. *Psychotherapeut, 61*,105–109.

Stichwortverzeichnis

A

AMDP 45
Amplifikation 52, 120, 132, 135
Antidepressivum 46, 48
Arbeitsbündnis 21, 22, 28, 31, 37, 38, 93
Archetyp 50, 61, 67, 111, 134, 137–139, 144
Aspekt
– final-prospektiver 28, 36, 50, 61, 65, 81, 120, 129
– kausaler 50, 81, 129
Autonomie 15, 37, 67, 70, 72, 73, 91, 98, 107, 112, 133, 147
AWMF 22

B

Benzodiazepine 48
Betablocker 48
Bewältigungsmechanismen 21, 36, 53, 54, 58, 86, 122
Bindung 24, 25, 63, 64, 66, 67, 72, 76, 77, 85, 86, 90, 94, 100, 112, 113, 116, 118, 120, 147, 149
– -sprobleme 72
– -sstörungen 65, 66, 102

D

Defizite 23

Destruktivität 67, 69, 97, 111, 113, 146

E

Epidemiologie 42
Extraversion 51, 59, 60

F

Forschungsmethode 157

G

Gegenübertragung 29, 78, 83, 93, 94, 100, 104, 105, 107, 108, 110, 117, 141, 151
Grundbedürfnisse 63, 85, 88, 89, 125

I

Ich-Bewusstsein 51, 74, 75, 112, 139, 144
Ich-Funktionen 93, 97
Ich-Ideal 65, 87, 128, 129
Ich-Selbst-Achse 74, 90, 110, 111, 113
Ich-Stärke 74, 113, 118, 121, 124, 126, 132
Idealbild 144
Idealisierung 69, 77, 95, 96, 99, 100, 105, 106, 113, 118, 120, 140, 145
– -stendenz 99, 112, 117, 143

Imaginationen 32, 40, 52, 113, 120, 125, 126, 134
Individuation 23, 50, 57, 67, 74, 75, 133
- -sstörung 16, 27, 50, 66, 76
- -sweg 35, 81
Initialtraum 131
innerer Kritiker 25, 26, 65, 72, 83, 99, 122
Introversion 51, 59, 60

K

Ketamin 48
Komplex 25, 27, 30, 32, 34, 36, 39, 40, 50, 59, 61–65, 72, 80–82, 85, 86, 88, 95, 96, 98, 102, 112, 114, 129, 143, 144, 146
- Autoritäts- 64
- -episoden 62, 63, 86, 88
- -konstellation 62, 63
- Minderwertigkeits- 63, 64
- Mutter- 61, 64, 66, 72
- Vater- 39, 61, 64, 110
Konflikt 22, 23, 25, 27, 34–36, 40, 52, 67, 74, 76, 80, 81, 85, 88, 90, 93, 120, 122, 129, 141
- Abhängigkeits- 107
- Individuation versus Abhängigkeit 65, 76, 90
- Schuld- 65
- Selbstwert- 65, 76
- Über-Ich- 65
- Versorgung versus Autarkie 65, 76
Kontextmodell 154, 155
Körperwahrnehmung 81, 100, 101, 104, 113

L

Lebenszeitprävalenz 42
Lithium 48

M

Märchen 120, 123, 135, 141, 143, 145, 146
Mythen 135

N

Narzissmus 30, 55, 65, 72, 87, 140
Negativität 67, 69, 71, 104, 111

O

OPD 19, 24, 76, 80, 88, 89, 91, 93, 159, 162

P

Persona 25, 26, 66, 72
Persönlichkeitsstörungen 23, 45, 157, 159, 161
Projektionen 24–26, 30, 41, 63, 64, 86, 96, 101, 112, 121
Psychopharmaka 34, 47, 48
Psychosomatik 52
Psychostatus 43

R

Regression 24, 27, 69, 72, 75, 112, 132, 136
- -slust 51, 112
Repräsentationen 63, 85
Ressourcen 28, 37, 80, 91, 103, 113, 120, 125, 141, 143, 153, 155

S

Schatten 25, 26, 36, 67, 97, 114, 123
Selbst 31, 41, 51, 56–58, 66, 67, 73–75, 91, 93, 95, 110, 138–140
Selbstbild 24, 65, 67, 77, 87, 95
Selbstregulation 51, 58, 61, 62, 129

Selbstwert 21, 70, 85, 86, 113, 118, 123, 126, 140
- -bedürfnis 64
- -gefühl 44, 63, 76, 78, 114
- -stärkung 63
- -störungen 65, 70, 102
Sichtweise 112
Sinn 16, 21, 27, 28, 56, 121, 135
- -bedürfnis 64, 85, 88
- -krise 66, 72, 90
- -losigkeit 51, 138
Spiritualität 56–58
- spirituelle Domäne 56
Strukturniveau 76, 89, 90, 93, 159
Studie 38, 47, 76, 119, 134, 157–162
- katamnestische 158
- naturalistische 157, 159
- prospektive 42, 157, 160
- retrospektive 42, 158, 160
Suizidalität 44, 69, 71, 95, 110, 150, 151
Suizidfantasien 150–152
Symbol 52, 93, 94, 113, 121, 124, 128
symbolisierende Einstellung 121, 130, 139
Syndrom
- depressives 45

T

transzendente Funktion 40, 52
Traum 32, 40, 52, 61, 93, 120, 129, 130, 133, 134, 154
Trauma 114, 130
Traumforschung 134
Typologie 35, 58–60

U

Über-Ich 26, 31, 77
Übertragung 24, 30, 32, 34, 40, 67, 91, 92, 115, 116
- Abhängigkeit in der 107
- idealisierende 105, 110
- kollusive 109
- negative 104
- Unabhängigkeit in der 108
Übertragung/Gegenübertragung 30, 38, 41, 103, 105, 107, 109, 110, 113–115, 130, 149, 155

W

Wirkfaktoren 22, 31, 38, 154, 155
Wissenschaftsverständnis 157

Personenverzeichnis

A

Adam, Klaus-Uwe   60

B

Benedetti, Gaetano   77, 78
Beutel, Manfred, E.   18, 30, 31, 155, 156
Böker, Heinz   16, 17, 53, 72, 75, 77, 78
Bovensiepen, Gustav   109
Braun, Claus   29, 32, 39, 51, 81, 118
Brodersen, Elisabeth   57

D

Dieckmann, Ute   73, 91, 137, 145
Dorst, Brigitte   119, 120, 125

E

Edinger, Edward F.   138, 139

F

Flückiger, Christoph   17, 21, 154
Frick, Eckhard   53

H

Hell, Daniel   16, 50

Hillman, James   25, 111, 150
Hubback, Judith   24

I

Imel, Zac E.   21, 29, 154

J

Jung, C. G.   15, 22, 24, 25, 27, 38, 50, 51, 56, 57, 59, 61, 62, 73, 74, 90, 109, 114–116, 119, 129, 138

K

Kast, Verena   62–64, 70, 72, 86, 88, 95, 119, 121, 124–126, 128, 141, 143, 145
Kleespies, Wolfgang   24, 51, 65, 68–70, 97, 110, 132, 140

L

Leuzinger-Bohleber, Marianne   76, 111

M

Mattanza, Guido   157, 159
Meier, Isabelle   25, 51, 63, 88, 156
Melville, Herman   137, 138

Müller, Annette & Lutz   24, 25, 28, 32, 51, 79, 116, 119, 121

P

Pfammatter, Mario   155

R

Rafalski, Monika   60
Riedel, Ingrid   119
Roesler, Christian   16, 134, 155–157, 159, 160, 162
Roser, Traugott   56
Roth, Gerold   46, 53, 59

S

Samuels, Andrew   56
Schöry-Volk, Elisabeth   67
Steinberg, Warren   105, 106, 108, 109

Subic-Wrana, Claudia   18

T

Taylor, David   17, 29, 149
Tschacher, Wolfgang   155
Tschuschke, Volker   38, 158

V

Vogel, Ralf   119, 121, 125, 157
von Bechtolsheim, Petra   58
von Uexküll, Thure   53
von Wyl, Agnes   38

W

Wampold, Bruce E.   21, 22, 154
Wilke, Hans Joachim   16, 66, 74, 110
Wöller, Wolfgang   28
Wright, Michael   56, 57